社会学のエッセンス
新版補訂版
世の中のしくみを見ぬく

友枝敏雄・竹沢尚一郎・正村俊之・坂本佳鶴惠［著］

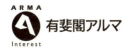

新版はじめに

　『社会学のエッセンス』が1996年に刊行されてから，11年経ちました。4名の執筆者の当初の予想をこえて，多くの読者に受け容れられ，理論社会学の入門書として用いられてきました。

　しかし刊行されて10年経った昨年，執筆者のなかから何となく「1冊の本として内容が古くなっているところがある。幾分修正してはどうだろうか」という話が出ました。それではということで，全16章のうち，4章をまったく新しい内容にするとともに，残りの12章についても修正を加え，21世紀にふさわしい書籍にしようということになりました。「善は急げ」ということで，4名が作業に着手し，出来上がったのが『社会学のエッセンス〔新版〕』です。比較のために，初版と新版の全16章のタイトルを下にあげておきます。

初版
第Ⅰ部　行為の分析
　第1章　意味と相互主観性
　第2章　アイデンティティ
　第3章　スティグマ
　第4章　ドラマトゥルギー
　第5章　正常と異常
　第6章　予言の自己成就
第Ⅱ部　秩序の解読
　第7章　ジェンダー
　第8章　規範と制度
　第9章　構造と機能

新版
第Ⅰ部　行為の分析
　第1章　意味と相互主観性
　第2章　アイデンティティ
　第3章　スティグマ
　第4章　正常と異常
　第5章　予言の自己成就
　第6章　社会構築主義
第Ⅱ部　秩序の解読
　第7章　ジェンダー
　第8章　規範と制度
　第9章　コミュニケーションの

第10章　コミュニケーションの自己準拠	自己準拠
	第10章　社会のなかの権力
第11章　社会のなかの権力	第11章　不平等と正義
第12章　イデオロギー	**第Ⅲ部　社会の構想**
第Ⅲ部　社会の構想	第12章　共同体
第13章　共同体	第13章　国家と市民社会
第14章　国家と市民社会	第14章　移民と国民国家
第15章　ノモス・カオス・コスモス	第15章　グローバル化と公共圏
第16章　ユートピアと想像力	第16章　ユートピアと想像力

　新版を作成するうえで，この10年間の社会学理論の新潮流および社会の変化を反映させることをめざしました。その結果，新しく書き下ろした4つの章では，社会構築主義（第6章），格差問題（第11章），移民問題（第14章），公共圏論（第15章）というテーマを，社会学理論の新しい動向と関連づけながら，とりあげています。

　初版のよさを損なうことなく，時代の流れにマッチした新版にしてみたつもりですが，いかがでしょうか。私たち4名の著者の試みが，今回も読者の皆さんの知的好奇心を喚起し，社会学的思考を鍛錬するきっかけになることを願ってやみません。

　この本を作成するにあたり，編集を担当された松井智恵子さんと堀奈美子さんには大変お世話になりました。心より感謝申し上げます。

　　2007年9月

　　　　　　　　　　　　　著者を代表して

　　　　　　　　　　　　　　　　　　友枝　敏雄

● 補訂にあたって

　2007年11月に『社会学のエッセンス〔新版〕』を刊行してから，間もなく10年になります。きわめてありふれた表現ですが，21世紀に入ってからの世界情勢や日本社会の動きの早さに，社会学者である私たち4名の執筆者も驚いています。

　10年近く経つと，この本に収録された統計図表もさすがに古くなってしまいました。そこでこの10年間の統計データを補うとともに，文章も少し手直しして，大学に入学したばかりの若い読者の皆さんの感覚にそった書物にしました。

　『社会学のエッセンス』初版が刊行されたのは，1996年4月です。今春，大学に入学する学生の皆さんの多くは，それよりあとに生まれた人たちです。『社会学のエッセンス』初版を刊行したあとに産声をあげた人たちにとって，この本が社会学という学問のおもしろさや楽しさを知ることができる1冊になればと思っております。

　　2017年3月

　　　　　　　　　　　　　著者を代表して

　　　　　　　　　　　　　　　　友枝　敏雄

初版はじめに

　この本は，大学や短大に入学した皆さんを，社会学の世界に案内する入門書です。

　社会学は，近代ヨーロッパにおいて大学が誕生し，近代科学が勃興するなかで，経済学や政治学とともに，社会科学の1つとして成立しました。第2次世界大戦後のアメリカで発展した行動科学の影響をうけてわが国では，社会学は，心理学，文化人類学，国際関係論とともに，人間科学の1つとして位置づけられることもあります。

　社会学は，その名のとおり，社会についての学問ですが，これでは単なる言いかえであって，説明になっていません。わかりやすくいえば，世の中に起こる現象すべてについて，知的好奇心をもって探究する学問が社会学なのです。たとえば，若い人たちを「新人類」「マニュアル世代」「オタク」と呼んだりするのは，なぜか？　中学校で「いじめ事件」が発生するのはどうしてか？　近年子どもを産まない夫婦がふえているが，子どもの数が減っていくと，日本社会はどうなるのか？　電子メール，インターネットなどの新しい電子メディアの登場は社会を変えるのか？　冷戦構造崩壊後の世界社会は，これからどうなるのか？　といった現象に注目し，これらの現象を科学的に説明しようとする学問です。そのために社会学では，私たちの日常の行為を出発点にして，世の中のしくみを解明しようとします。したがって自分とはどんな存在であるのか，人間関係が成立し集団が形成されるプロセスは

どうなっているのか，社会に制度が生成されるメカニズムは何か，といったことが社会学の重要なテーマになってきます。

この本では，これらのテーマとして，社会学全般にわたる16のストーリーをとりあげ，第Ⅰ部　行為の分析，第Ⅱ部　秩序の解読，第Ⅲ部　社会の構想という3部構成にしました。16のストーリーには，キータームが対応しており，具体例をまじえたキータームの説明によって，ストーリーが展開していきます。

社会学のおもしろさは，日頃何気なく見過ごしたり，あたり前と思っている現象に注目し，自分のことや世の中の動きを，違った視点からながめていくことにあります。16のストーリーは，皆さんが新しい見方に到達するための助走路です。各章の冒頭の写真や絵は，各章のイメージをふくらませるのに役立つでしょうし，本文中の図や表は，本文の理解を助けることでしょう。各章のおわりの文献は，各章のテーマに関心をもった人がさらに進んだ勉強をするためのガイドとして用意しました。巻末のキーターム集は，各章の内容をキータームによってまとめたもので，これを読めば，16のストーリーの骨格がわかるとともに，この本のタイトルになっている社会学のエッセンスがつかめるように工夫しました。

私たち4名の著者は，読者の皆さんと同じ視線から，社会学の世界を語ることにつとめました。平易に語ることは，くだけたり，格調を失うことではありません。「だれにでもわかる理論社会学」という，この本の最大の目的にとって，最良の方策だと考えたからです。この本が，はじめて出会う社会学の本として，皆さんの知的好奇心を喚起し，社会学の本格的な学習へのよきガイドになることを願ってやみません。また，すでに社会学を学んだ人にと

っても，社会学の諸理論を整理しなおし，具体的な事例に即しながら社会学的思考を練りあげる場として，この本が活用されることを願っています。

　この本の編集を担当された池一氏と松井智恵子氏の適切なアドバイスにより，読者の立場に立った親切なテキストになったと感じています。ここに両氏に，心より感謝いたします。

　1996 年 1 月

　　　　　　　　　著者を代表して

　　　　　　　　　　　　　　　　友枝　敏雄

著者紹介

友枝 敏雄（とも えだ とし お）　[第1, 8, 11, 13章]

- 1951年　熊本県生まれ
- 1975年　東京大学文学部卒業
- 1979年　東京大学大学院社会学研究科博士課程中退
- **現在**　大阪大学国際共創大学院学位プログラム推進機構特任教授
- **専攻**　理論社会学，社会変動論
- **主要著作**　『社会理論の新領域』（共編著，東京大学出版会，1993年），R. コリンズ『ランドル・コリンズが語る社会学の歴史』（訳者代表，有斐閣，1997年），『モダンの終焉と秩序形成』（有斐閣，1998年），『Do! ソシオロジー〔改訂版〕』（共編著，有斐閣，2013年）

竹沢 尚一郎（たけざわ しょういちろう）　[第4, 12, 14, 16章]

- 1951年　福井県生まれ
- 1976年　東京大学文学部卒業
- 1985年　フランス社会科学高等研究院社会人類学専攻博士課程修了
- **現在**　国立民族学博物館名誉教授
- **専攻**　宗教社会学，宗教人類学
- **主要著作**　『宗教という技法』（勁草書房，1992年），『共生の技法——宗教・ボランティア・共同体』（海鳥社，1997年），『表象の植民地帝国——近代フランスと人文諸科学』（世界思想社，2001年），『人類学的思考の歴史』（世界思想社，2007年）

正村 俊之（まさ むら とし ゆき）　[第5, 9, 10, 15章]

- 1953年　東京都生まれ
- 1977年　横浜国立大学経済学部卒業
- 1983年　東京大学大学院社会学研究科博士課程単位取得退学
- **現在**　大妻女子大学社会情報学部教授，東北大学名誉教授
- **専攻**　理論社会学，社会システム論，コミュニケーション論
- **主要著作**　『秘密と恥——日本社会のコミュニケーション構造』（勁草書房，

1995年),『情報空間論』(勁草書房, 2000年),『コミュニケーション・メディア——分離と結合の力学』(世界思想社, 2001年),『情報化と文化変容』(編著, ミネルヴァ書房, 2003年)

坂本 佳鶴惠(さかもと かづえ) [第2, 3, 6, 7章]

1960年　山梨県生まれ
1982年　東京大学文学部卒業
1987年　東京大学大学院社会学研究科博士課程中退
現在　お茶の水女子大学基幹研究院人間科学系教授
専攻　社会意識論, コミュニケーション／メディア論, 家族／ジェンダー論
主要著作　『「家族」イメージの誕生——日本映画にみる「ホームドラマ」の形成』(新曜社, 1997年),『アイデンティティの権力——差別を語る主体は成立するか』(新曜社, 2005年),「居場所をめぐるやりとり——ユビキタス性のコミュニケーション」『モバイルコミュニケーション——携帯電話の会話分析』(大修館書店, 2006年),「メディアが編む国家・世界そして男性——サッカー・ゲームの言説分析」『言説分析の可能性』(東信堂, 2006年)

INFORMATION

●**この本の特徴**　社会学に初めてふれる人を読者としてつくられた「だれにでもわかる理論社会学入門」です。社会学は「常識的な見方」を超えて,現実の背後にあるものを解明する学問です。この本では,あなたの身近な社会現象を素材に,社会学の基本タームのもつ「分析のための道具」としてのパワーを紹介しています。「なるほど社会学はおもしろい」と納得のうえ,現代社会が抱える問題についての洞察力を養ってください。

●**この本の構成**　3部16章で構成されています。各部のはじめに,部の内容と章構成の解説が載っています。各章は順序立てて配列されていますが,あらかじめそれぞれの章の位置づけを頭に入れて読むと,よりいっそうわかりやすいでしょう。

●**各章の構成**　各章のストーリーのイメージをふくらませるために,冒頭に写真や絵と,イントロダクションとして問題提起があります。続いて「本文」。章末には次のステップのための「サマリー&文献」が置かれています。

●**本文の叙述**　社会学の有力な理論的タームを紹介していますが,学説の解説や抽象度の高い議論ではなく,具体的社会現象を豊富に盛り込み,1つの完結したストーリーとして読めるように工夫されています。

●**理解のポイント**　本文を理解するための重要な言葉については,一目でわかるように緑色のゴシック体にしました。

●**文献表示**　本文中に(人名[西暦])とあるのは,章末にある文献の略記で,著者名と発行年を表しています。

●**サマリー&文献**　各章で何が解明されたか,これから勉強するのに何を読めばよいのか,まとめと次へのステップとして,章末に「サマリー&文献」を置きました。

●**キーターム集**　理論社会学のキータームの簡単な解説つき索引をつけました。本文中でわからないタームが出てきたらここを引いてください。また,ここから逆に本文を読み直すことにより,章に立っていないタームも理解できるようにしました。

●**索　引**　キーターム集のほかに,簡潔な事項索引,外国人名に欧文の綴りをつけた人名索引もあります。

社会学のエッセンス
〔新版補訂版〕　　　　　　　目　次

第Ⅰ部　行為の分析

第1章　意味と相互主観性　　3
私からあなたへ，あなたから私へ

わかりあえるということ（4）　　ヒトという動物のユニークさ（4）　　言葉の2つの側面（6）　　だまし絵（7）　　理解のズレ（8）　　連想ゲーム（10）　　ステレオタイプ化された見方（11）　　聖なる空間と俗なる空間（12）　　意味は社会のなかでどのように作用しているか（13）　　新しい意味の生成（15）　　相互主観性について（17）
サマリー＆文献（18）

第2章　アイデンティティ　　21
私が私であること

いくつあてはまりますか（22）　　どう生きるのか（22）　　青年期の自分捜し（24）　　「私」って何？（26）　　アイデンティティと社会とのかかわり（28）　　近代社会とアイデンティティ（29）
サマリー＆文献（32）

第3章　スティグマ　　35
他者への烙印

ガイジンというスティグマ（36）　　スティグマ：私はそんな人間じゃない！（37）　　レッテルを貼る（40）　　人は期待されたとおりの人間になるか（42）　　スティグマ

と差別（45）　客観性と主観性（46）
サマリー&文献（48）

第4章　正常と異常　51
選別と排除のメカニズム

ムスリムはなぜ豚肉を食べないのか（52）　ホモ・セクシュアルに対する抵抗感（53）　絶対的な異常？（54）　さまざまな異常のケース（55）　分類と異常（56）　異常なものが不安をかき立てるわけ（57）　水俣病というレッテル（59）　レッテルを貼り替えること（61）　水俣病が教えるもの（62）　負のレッテルから文化の創造へ（63）
サマリー&文献（64）

第5章　予言の自己成就　67
現実と虚構のはざま

イメージが現実をつくりだす（68）　誤った予言が実現される（68）　正しい予言が破壊される（70）　自然的世界と社会的世界との違い（70）　認識と行為の関係（71）　フィードバックの種類Ⅰ（72）　フィードバックの種類Ⅱ（72）　自己イメージを導くポジティブ・フィードバック（74）　意図せざる結果（76）　虚偽の真実への移行（77）　予言の自己成就と自己破壊（78）
サマリー&文献（79）

第6章　社会構築主義　81
社会的事実の客観性を問う

当たり前の「事実」を疑ってみる（82）　言葉と事実（82）　科学の構築（84）　社会構築主義（87）　構築主義の視点によってみえるもの（89）　社会問題の構築（92）　構築主義は解決に貢献するか（94）　構築主義への批判をめぐって（96）
サマリー&文献（97）

第 II 部　秩序の解読

第7章　ジェンダー　　101
女であること／男であること

もし，男女の役割が逆転したら……（102）　　ジェンダーとは？（105）　　ジェンダーと社会構造（108）　　ジェンダーとフェミニズム（111）　　社会の理念と変革（112）
サマリー＆文献（114）

第8章　規範と制度　　117
私たちをとりまくルール

就職戦線とリクルートスーツ（118）　　社会現象の規則性（119）　　約束事としての側面（120）　　文化の恣意性（122）　　のぞましさとしての側面（123）　　「善きこと」の普遍性（123）　　のぞましさの実現（124）　　慣習・道徳・法（125）　　規範と価値（127）　　日本社会の人間関係を支える原理（128）　　タテ社会と敬語の体系（129）　　規範から制度へ（130）　　近代社会と秩序（131）
サマリー＆文献（132）

第9章　コミュニケーションの自己準拠　　135
社会秩序の不思議さ

秩序とはどのような状態か（136）　　社会的自由（137）　　「大地震は今日起きる」（138）　　秩序と無秩序（139）　　秩序の「ありそうもなさ」（140）　　認識と行為の秩序化（142）　　選択は2段階にわたって行われる（142）　　大きな不確実性を抱えた構造（144）　　秩序化が進んだ社会とは（146）　　コミュニケーションの自己準拠（147）

コミュニケーションの自己準拠には2つのタイプがある（148）　現代社会のコミュニケーション（149）
サマリー＆文献（151）

第10章　社会のなかの権力　153
姿を見せる権力／姿を見せない権力

日本の権力：姿を見せない権力（154）　象徴天皇制は戦後のものか（155）　強制力としての権力（156）　物理的暴力によって権力を支える（157）　正当性の観念によって権力を支える（159）　3つの正当的支配（159）　稟議制という意思決定制度（161）　日本と西欧における官僚制組織の違い（164）　権力の姿を見えないようにするしくみ（165）　権力は社会や文化によって異なる（167）
サマリー＆文献（169）

第11章　不平等と正義　171
格差の拡大，それとも縮小

社会に構造はあるか（172）　『サザエさん』にみる日本の理想の家族（172）　社会構造とは（173）　社会構造の1つとしての社会階層（175）　属性主義と業績主義（176）　カステラを切り分ける（177）　機会の平等・結果の平等・集団的平等（177）　社会移動（179）　格差と不平等（180）　所得格差（181）　学歴格差（182）　平等社会か，格差社会か（185）　不平等の是正から正義へ（186）
サマリー＆文献（188）

第 III 部　社会の構想

第12章　共 同 体　　　　　193
人はなぜ共同体を求めるのか

「理想的な家族」の悲劇（194）　いま,家族の危機？（195）　家族とは何か（197）　地域社会に生きる（198）　国家が地域社会を解体する（200）　新しいライフスタイルの誕生（201）　近代家族の始まりと終わり（202）　ゲマインシャフトとゲゼルシャフト（204）　共同体の再建は可能か？（205）　新しい関係性を求めて（207）
サマリー＆文献（208）

第13章　国家と市民社会　　　　　211
市民社会は近代の幻想か

日本国民だと意識するとき（212）　日本人にとって国家はどんな存在か（212）　国家は社会と同じものであろうか（215）　社会のなかの国家（216）　「社会」の発見と「個人」の発見（217）　市民社会としての西欧近代（218）　市民社会では私的領域と公共領域が区別されるようになった（219）　公共領域における経済秩序と政治秩序の分離（221）　開発途上国の国家（222）　市場によるコントロールと国家によるコントロール（222）
サマリー＆文献（225）

第14章　移民と国民国家　　　　　227
グローバル化のなかの社会

グローバル化の世界（228）　ヨーロッパ連合の誕生（229）　移民問題の増大（231）　国民（ネーション）

とは何か（232）　文化とは？（234）　国民統合の2タイプ（235）　荒れる都市郊外（237）　グローバル化のなかの国民国家（239）
サマリー＆文献（240）

第15章　グローバル化と公共圏　243
民主主義のゆくえ

グローバル化と福祉国家の危機（244）　古代ギリシャの民主政（245）　近代の民主政（247）　民主主義・資本主義・国民国家（251）　近代民主主義の限界（253）　公共圏：新しい民主主義の可能性（255）　情報化と公共圏（257）
サマリー＆文献（259）

第16章　ユートピアと想像力　261
ポストモダン社会はユートピアか？

深夜のコンビニ（262）　ゆたかな社会の実現（263）　現代はユートピアか（264）　ユートピアとはなにか（265）　社会変革の力としてのユートピア（266）　ユートピアと聖なるもの（268）　意味世界とコスモス（269）　社会の自己意識としての社会学（271）　近代社会の意味（272）　モダンとポストモダン（274）　社会的想像力の回復（274）
サマリー＆文献（275）

キーターム集 ── 279

事項索引 ── 291

人名索引 ── 296

図版一覧 ── 298

本書のコピー，スキャン，デジタル化等の無断複製は著作権法上での例外を除き禁じられています。本書を代行業者等の第三者に依頼してスキャンやデジタル化することは，たとえ個人や家庭内での利用でも著作権法違反です。

第Ⅰ部　行為の分析

第Ⅰ部は，行為の分析というタイトルからわかるように，社会のミクロな領域である個人および個人の行為に焦点をあてる。

　社会的な事象を分析する出発点は，〈私と他者〉という二者関係にある。第1章は，この二者関係をつくりだすものとして，意味と相互主観性について考え，第2章は，このような二者関係のもとになる〈私〉もしくは〈自己〉とは何かという問いを出発点にして，その解決の糸口としてアイデンティティという概念に注目する。第3章で，日常の行為を説明する有力な概念であるスティグマとレイベリングをとりあげた後，第4章では，私たちの行為が，社会における正常と異常とどのように関係しているかを論ずる。第5章は，行為がかならずしも行為者の意図どおりにならず，意図せざる結果を生みだすことを，予言の自己成就というミクロ社会学を代表するキータームと関連づけながら考え，第6章は，社会学理論の新しい潮流である社会構築主義の意義を明らかにする。

第1章 意味と相互主観性

私からあなたへ，あなたから私へ

　これはインドのガンジス河で沐浴する敬虔なヒンドゥー教徒の写真である。聖なる河での沐浴が神聖な宗教行為であることは，少しでも知識のある人なら知っている。しかしまったく知識のない人には，子どもの水遊びや泥んこ遊びとどこが違うのだろうかという素朴な疑問がわいてくる。私たちの行為は，観察可能な行為として，たんに客観的に存在するのではなくて，主観的に意味づけられることによってはじめて社会的に意味のあるものとなる。＜私と他者＞という関係も，主観的に意味づけられることによって，社会的な事象として立ちあらわれる。それでは主観的に意味づけられるとは，どういうことだろうか。

わかりあえるということ

　皆さん，こんな経験はないだろうか。好きになった人に，自分の気持ちを伝えようとしてうまく伝わらなかったこと。恋人と何かのきっかけでうまくいかなくなってしまい，何を話してもそらぞらしい気持ちにおそわれてしまったこと。親子の関係だって，そうだ。自分の将来の進路をめぐって親と対立したこと，物わかりがよいと思っていたオヤジがいやに頑固にみえたこと。血のつながった父親と母親だから，自分の気持ちをわかってもらえると思って話したのにわかってもらえなかったこと。

　言葉は，お互いの気持ちを伝えあう最大の武器である。だから外国人との理解を深めるために，私たちは外国語を習得しようとする。ところが，言葉とは実に厄介な代物である。何気なく発した一言が，相手を傷つけることもあれば，話しあえば話しあうほど，気持ちが通じあわなくなることがある。これはどういうことか。

ヒトという動物のユニークさ

　私たち人間は，他の動物に比べて言葉をはじめとするコミュニケーション能力をおそろしく発達させた動物である。どうしてこういうことが可能になったのか？　この疑問に答えるために，生物進化の結果としての人類の誕生について考えてみよう。いまから約300万〜200万年前，アウストラロピテクス，ホモハビリスなどの人類の祖先が誕生した。ヒトの特色は，直立2足歩行できるようになったことである。その結果として，第1に，前足が歩行には必要でなくなり，手となったから，この手によって道具を使えるようになったことである。第2に，直立2足歩行

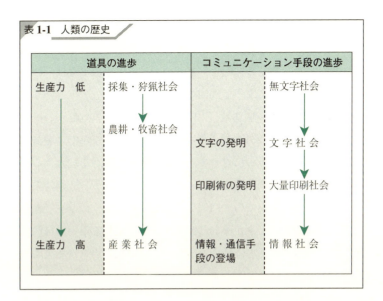

表 1-1 人類の歴史

によって，4足歩行の場合よりも容量の大きな脳を支えることが可能になったから，脳を用いた知的活動が飛躍的に発達したことである。ヒトのユニークさをまとめるならば，1つは道具能力であり，もう1つは言語能力である。

　道具能力とは，ヒトが道具をつくりだし，それを用いる能力である。これに対し，言語能力とは，ヒトが言葉によって他者とコミュニケーションする能力である。人類の歴史を，この道具およびコミュニケーション手段の進歩に注目してあとづけると，表1-1になる。道具の進歩の視点から眺めると，人類の歴史は，大きく，採集・狩猟社会，農耕・牧畜社会，産業社会の3つの時期をたどってきている。そしてコミュニケーション手段の進歩の視点から眺めると，無文字社会，文字社会，大量印刷社会（＝近代社会），情報社会の4つの時期からなっている。

第1章　意味と相互主観性

人類の歴史が，他の動物の歴史と決定的に異なるのは，道具能力によって，自然に働きかけ，自然そのものを変えていったことである。農耕・牧畜の開始と，近代における工場の出現は，いずれも生産力の向上によって人口増加をもたらした。ヒトという種は，その誕生以来，個体数（人口）を増加させてきた唯一の種である。つまりヒト以外の種（動物）は，生態系のなかで，個体数を一定に保っているのに対して，ヒトのみが生産力を拡大することによって，その個体数を増加させてきたのである。その結果，近年では，地球規模での人口爆発が心配されるようになってきた。人口爆発の問題はともかくとして，ヒトは，道具を用いて自然に積極的に働きかけていく種であるから，その誕生以来自然破壊的な存在だったといえる。

言葉の2つの側面

　言葉の出現によって，ヒトは，他の動物に比べて他者とのコミュニケーションを格段に進歩させた。ヒトのなかでも，まだ言葉の話せない赤ちゃんの意思を私たち大人が理解することは難しい。なぜなら赤ちゃんは，泣くことによって，「オッパイがほしい」「眠たい」「体調が悪い」という自分の欲求をすべて表現するからである。四六時中赤ちゃんに接している母親だから，泣き方の微妙な違いによって，赤ちゃんの意思を理解できるのだ。ところが，言葉を話せるようになると，「ママだっこ」「ごはん」と言うから，母親でなくても理解できるようになる。このように言葉の出現は，私たちのコミュニケーションをスムーズにするという働きをもっている。

　言葉が，たんにコミュニケーションをスムーズにするだけであれば，何ら問題はない。だが，人間の発達した抽象能力は，ある

言葉や発言内容に多様な解釈を与えるから，これまでとは異なる理解を生みだすことがある。ここに言葉の厄介さがある。たとえば最近若い人たちの間で，従来の意味とはまったく反対の意味で用いられていることわざや言葉がある。「情は人のためならず」ということわざの本来の意味は，「他人に情をかける（他人が困ったとき，いろいろと援助する）ことは，めぐりめぐって自分にもどってくる（自分が困ったときに，他人から助けてもらえる）」ということであるが，最近は，「他人に情をかけることは，かえってその人のためにならない（本人の自立を妨げる）」という意味で理解されている。本来の意味が「お互い助けあって生きていこう」という相互扶助的な意識にもとづいていたのに対して，最近の意味は，個人の自立を尊重する意識にもとづいているといえる。誤った意味が頻繁に使用されれば，その誤った意味がしだいに社会に定着し，本来の意味が忘れさられていくという事態が発生する。この事態が注目されるのは，社会的な事象が理解のみならず誤解によっても成立することを示しているからだ。

だまし絵

まちがった理解が生みだされる可能性は，何も言葉や発言内容に限ったことではない。私たちがある図形をみて，それがどのような形にみえるかという場合にも起こる。江戸時代のだまし絵は，そのよい例であるし，エッシャーのだまし絵は，そのもっとも優れたものである（→ **図 1-1**）。図形がどのようにみえるかということは，心理学における知覚の研究の出発点であり，形（図〈figure〉）と背景（地〈ground〉）と呼ばれている。**図 1-2** は，「ルビンの杯」といわれるもので，白を背景と考える人には，向かいあった2つの横顔が見

図 1-1 エッシャーのだまし絵

えるが、黒を背景と考える人には、白い杯が見える。そして、同時に横顔と杯を見ることはできない。客観的な形をした図形ですら、何を背景とし、何を形とするかによって見えてくるものが違うのである。

理解のズレ

それでは、言葉や発言内容の理解、図形の知覚にみられるように、異なった理解をする可能性は、まったく個人的なものであり、ある個人の誤解によって発生するにすぎないものであろうか。つまりその人の誤

図 1-2 ルビンの杯

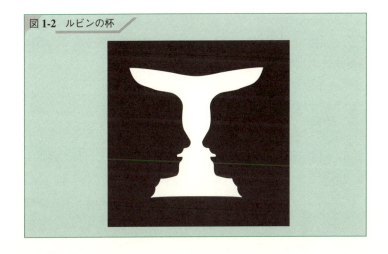

解が修正されれば解決するような、とるにたらないことであろうか。いや、そうではない。他者との関係のなかでも発生する。自分の意図や気持ちが他者に100％伝わらないことは、私たちが日常生活のなかでよく経験することだ。たとえば「狼が来た」と2回ウソをついてしまったため、本当に狼が来たとき、そう言ってもだれも信じてくれなかったというオオカミ少年の話は、2回ウソをついたから3回目もウソだろうと、聞く側が先入観をもってしまったため、少年の発言内容が無視されてしまうものであり、話し手や聞き手が相手に対する先入観をもってしまうと、コミュニケーションが著しくゆがめられてしまうことを示している。

　人間関係や集団のなかで、異なった理解をしたり、相互のコミュニケーションが不可能になることは、きわめて日常的な現象である。社会のなかで、まったく違った考え方をする2つの集団がいて、そこに対立が発生し、その対立がエスカレートすれば、社会紛争になっていく。近年世界の各地でみられる民族対立が、こ

れである。したがって異なった理解をする可能性を考えることは，社会や集団が，なぜ安定しているのか，逆になぜ不安定であるのかを考える出発点になるのである。

連想ゲーム

言葉の理解が，その人の生きた時代や住んだ社会の影響を受けていることを示す面白い例がある。皆さんは「アカ」という言葉から，何を連想するであろうか？ 主な連想として，次の3つがあげられる。

(1) 赤い色そのものの連想。たとえば交通信号の赤，リンゴの赤，バラの花の赤等々。抽象化されると，情熱といった意味あいになる。
(2) 垢（体のよごれ）。
(3) 社会主義，共産主義，共産党の連想。

戦後間もない頃，ある有名女子高校でこの連想ゲームをやったところ，(2)の回答がなかったという。世間の評判では「良家の子女」を集めているといわれていたその女子高校には，やはりその評判どおり，「垢」と無縁な生活をしている生徒ばかりが集まっていたのであろう。彼女たちにとっては，垢や汗を流して働く生活が身近なものになっていなかったのである。

フランス革命時代に，マリー・アントワネットという美人の誉れ高い，ルイ16世の王妃がいた。彼女はフランス革命激化のなかで，ギロチンにかけられて，哀れな最期をとげるが，その彼女が次のような迷言を吐いたといわれている（実際には彼女の発言ではないとされることもある）。当時フランスは，小麦の凶作による食糧不足で，民衆がパンを求めてフランス全土で暴動を起こしはじめていた。そのような騒ぎをみて，マリー・アントワネット

は,「パンがなければ,お菓子を食べればいいじゃないの」と言ったという。何とまとはずれな発言であろうか。食糧不足だから,パンがなければお菓子もないはずだということを,彼女は知らなかったのである。

「アカ」という言葉の連想やマリー・アントワネットの発言が重要なのは,1人の人間の発言や考え方が,その人の生活状況に大きく規定されていることを明らかにしているからである。最近,若者に「アカ」という言葉の連想ゲームをすると,社会主義,共産主義の連想がきわめて少なくなっている。やはり1989年以降の東欧諸国の民主化,その後のソ連邦の解体が,若者の言葉の連想にも影をおとしているし,かつて大学生の常識であったマルクス主義についてまったく知らない学生がふえている。

ステレオタイプ化された見方

連想ゲームから明らかなように,ある事物・事象に対するイメージが形成されてくると,人びとはその事物・事象を先入観や固定観念で見るようになる。これをステレオタイプ化された見方という。たとえば「学校」といえば,勉強するところという観念があるから,親は子どもを学校に通わせるし,子どもも学校に行かなければならないと思っている。逆に「学校」が「イジメのあるところ」という見方をする人にとっては,学校は行きたくないところになってしまう。「学校」とともに「先生」といえば,「まじめな人」という観念があるから,教育が成立するのである。また「東男に京女」「九州男児」といったことにも,わが国ではどうやらステレオタイプ化された見方があるようだ。「東男に京女」とは,似合いの男女の組み合わせについての日本人の理想像の1

つを表したものである。

　ステレオタイプ化された見方は，物事を理解するのに役立つことも多い。しかし問題となるのは，ステレオタイプ化された見方があまりに強化されて，実体とのズレが大きくなった場合である。たとえば，ある民族や集団に対する優越意識や敵対意識が生みだされることこそ問題なのであり，戦前のわが国におけるアジアの人びとに対する意識や，ナチス・ドイツのユダヤ人に対する意識は，この典型である。ステレオタイプ化された見方が，実体と大幅にズレた場合，それは偏見と呼ばれる。

聖なる空間と俗なる空間

　以上の例から明らかなように，私たち人間が，ある事物・事象を理解すること，つまり他者との共通の理解に到達することは，ある事物や事象を客観的に存在する実体としてたんに認知しているにとどまらないということである。客観的な認知に加えて主観的な意味づけをも行っているのである。もちろん，山，動物，自動車といった自然科学の研究対象や，企業，コンサートに集う人びとといった具象的な対象の場合，これらの対象を撮影できるし，すぐ理解できるから，逆に，主観的な意味づけを行っていることがわかりにくくなる。主観的な意味づけが作用していることを示すもっともわかりやすい例は，いかなる社会においても聖なる空間と俗なる空間とが，区別されて構成されていることである。わかりやすくいえば，ある社会にはその社会に固有な神聖なるものがあるということである。

　たとえば宗教心のうすいといわれるわが国でも，仏壇や神棚を汚すことは，礼儀をわきまえないことだとされる。子ども時代に，

仏壇や神棚で遊んだりしてこっぴどく叱られたことのある人もいるだろう。なぜなら仏壇や神棚は、祖先や神を祭る場所であり、神聖な場所にふさわしい作法が要求されるからである。神聖なる行為は、その社会でたまたま神聖だとされ、慣習になったものであるから、近代科学の目からみると、あまり歓迎されないものもある。たとえばわが国における酒の席での返杯の慣習は、やはり近代科学の目から見ると非衛生的である。最近ではすたれてきた慣習であるが、なぜこれまで行われてきたのであろうか。それは、返杯によって人間関係がより親密になり、人間的な絆が強まると考えられていたからである。

　神聖なる行為といえば、ヒンドゥー教徒にとってのガンジス河での沐浴は、やはり聖なる営みである。清流や渓谷を見なれた日本人には、どうしてもドブ川に体をつけているとしか思えない。たしかに非衛生的だが、ヒンドゥー教徒にとっては、宗教行為として慣習になっているのだ。

　聖なる空間と俗なる空間は、その区別を社会が必要とするからこそ、だれの目にもわかるように明瞭な形で社会のなかにつくりだされる。他方、社会に住む人びとは、聖なる空間が神聖であることをあらためて確認し、意味づけることによって、両者の区別を意識のなかに沈殿させていく。このように、2つの作用が重なりあって、聖なる空間と俗なる空間は、その社会にとっては当たり前なもの、つまり自明なものになっていくのである。

意味は社会のなかでどのように作用しているか

これまで述べてきたように意味は、言葉や発言内容、行為、集団、社会のすべてに関係しており、私たちが何かを理解し

ようとするさいに大きな役割を果している。抽象的な定義をすると，意味とは，事物・事象が何であるかを確認するさいに作用しているものである。それでは実際に，どのように作用しているのであろうか。社会の大多数の人びとの合意がある意味と，人びとの解釈が一致していない意味とに分けて考えてみよう。

　社会の大多数の人びとの合意がある意味については，その意味から，私たちは「……すべし」「……すべからず」という行為のガイドラインを導きだすことができる。この場合，その意味にもとづいて慣習が成立し，行為も役割として定型化されているから，人びとはわざわざ意識化することなく，無意識に行為を行っていく。日常生活における慣習的行為もしくは役割行為といわれるものが，これである。たとえば，すでにふれた「学校」についていえば，人びとの間に「勉強するところ」という意味が成立しているからこそ，多くの人は「何のために学校に行くのか」を問題にすることなく，学校に行き，楽しい学校生活をおくるのだ。「病院」であれば，医師は患者の病気を治す役割を担っているのに対して，患者は病人であるから，病人らしくふるまうことを要求される。つまり医師は，的確な診察と治療を行わなければならないのに対し，患者は医師の治療方針に従って治す努力をしなければならないのである。母子関係であれば，母親はオムツをかえたりオッパイを飲ませたりといった赤ちゃんの世話や，子どもに愛情を注ぐといった母親としての役割を果たさなければならないのに対し，子どもは母親に甘えたり，母親から注意されたことを守ったりして，子どもとしての役割を果たさなければならない。

　私たちの毎日の生活は，サラリーマンであれば，「父親として」「夫として」「部長として」「少年サッカーチームの監督として」行

われているし，女子大生であれば，「学生として」「娘として」「姉として」「テニスサークルの部長として」行われている。この「……として」という，人に与えられたカテゴリーもしくは行為の特性を，役割という。したがって私たちの毎日の生活のほとんどは，役割行為もしくは慣習的行為からなっており，このことが集団や社会の安定性を生みだしている。

社会学で役割行為および慣習的行為に注目するのは，人びとが日々の行為をほとんど無意識に行っているにもかかわらず，他者とわかりあえ，衝突することなく生活していることを明らかにするためである。行為を理解するさいに，役割に注目し，役割を社会学の重要な概念にしたのはアメリカの社会学であり，その代表者として，アメリカのG. H. ミード，T. パーソンズ，R. K. マートンをあげることができる。とくにミードは，行為者が相互行為のプロセスのなかで，自分の行為を定型化し，他者との関係を確立していくことを役割取得（role taking）と呼んだ。これに対し，慣習的行為に注目しているのは，フランスのP. ブルデューとイギリスのA. ギデンズである。彼らは，婚姻や贈与のしきたり，言語の習得のしかたといった日常生活のなかに沈殿し，私たちの身体技法になっている慣習的行為こそ社会構造の基礎をなしており，社会や文化を生成するとして，その生成のメカニズムを解明しようとしている。

新しい意味の生成

問題となるのは，人びとの間に解釈が一致していない意味である。たとえば，30年前までは，日照権は確立していなかった。ところが，環境問題への関心の高まりと，無規制な高層ビルの建設に伴う生活環境悪

化とによって，日照権は確立していった。最近では，都市の景観や町並み保全に関連して，眺望権ということがいわれている。まだ法的に確立していないが，毎日自分の家から眺める風景が，新幹線の高架や高速道路のコンクリートでは，あまりに殺風景であるから，眺望権という考え方が登場してくるのである。

　環境問題をめぐってさまざまな考え方があらわれたように，フェミニズムもこれまでの男性と女性のあり方を問い直し，新しい考え方を提出している。フェミニズムの運動をとおして，「男は仕事，女は家庭」という伝統的規範がゆらいでいるし，このゆらぎは近年では，結婚しても夫と妻はそれぞれ異なる姓を名のる「夫婦別姓」の主張や，女性と同じように男性も育児休暇をとる「イクメン」の登場につながっている。

　これまで合意を得ていた意味に，新しい解釈を施し，変更をせまる例は，教育や医療の場でも生まれている。教育現場では，自分の中学校時代の内申書，高校入試の成績，高校時代の成績を見せてほしいという要望が，また医療現場では，自分の病気の状態を知らせてほしいという動きが起こっている。後者は，「告知」「インフォームド・コンセント」といわれるものである。従来，教師および医師のみが知っていた情報を，評価もしくは診断されている本人にも与え，教育や医療のあり方をよりよくしていこうとする動きである。ここで注目されるのは，20年前までは問題にもならなかったこれらの動きによって，意味の変更が加えられ，実際に教育や医療のあり方が変わってきていることである。

　従来の意味とは異なる新しい解釈を行うことは，新しい意味を生成させる。新しい意味は，革新的行為や創造的行為を生みだし，新しい人間関係や社会を創りだすものである。したがって従来の

意味による解釈が，社会を安定させる方向に作用するとすれば，新しい意味の生成は，社会を変化させる方向に作用する。

相互主観性について

人間の行為は，動物が餌をとったり，子どもを育てたりする行動とは異なって，たんに客観的な存在としてあるのではない。宗教が社会に神聖な空間をつくりだしているように，私たちの行為は，主観的な意味づけによってはじめて，社会的な行為として立ちあらわれる。言葉をかえれば，社会的な事象は，自然現象とは異なって，その成立の契機として人間の認識活動を不可欠なものとしているから，社会的な世界は，客観的な世界であるとともに主観的な世界であるといえる。

人間の行為ならびに行為の結果つくりだされる社会的世界の根幹にあるのが，意味である。意味は，社会にとっては，ある程度明確であるとともに，ある程度曖昧であることがのぞましい。なぜならあまりに明確であるということは，意味についての一義的な解釈が成立することによって社会を安定化させてしまい，社会からイノベーションの可能性を奪ってしまうからである。逆に曖昧すぎるということは，意味についてあまりに多義的な解釈が成立するため，社会は不安定になり，混沌状態に陥ってしまうからである。いずれにせよ意味は，一方では明確さを，他方では新たな解釈による多義性への道を，要求されている。

意味が複数の人間に共有されており，私と他者との間に個人を超えた共通のものが成立していることを，少々難しい言葉だが，相互主観性という。たとえば仲のよい人びとや，共通の目標に向かって一致団結している集団や組織には，相互主観性が成立して

いる。相互主観性が成立しているということは、平たく言えばお互いが「ツーカー」の仲であり、「阿吽の呼吸」があるということだから、そのような集団や組織の活動はスムーズになされ、生産性もきわめて高くなる。

このように相互主観性は、＜私と他者＞という関係を形成するさいに不可欠である。さらにいえば礼儀、作法、しきたりといったその社会の伝統になっているものは、相互主観性が成立するなかで生みだされたものである。と同時に、文化はいったん伝統として成立すると、その伝統への人びとの教化作用をとおして相互主観性を生みだす基盤となる。したがって意味と相互主観性は、社会や文化を解読する出発点であるとともに、私と他者が共感し、共振しあう世界をつくりだす武器でもあるのだ。

サマリー＆文献

この章では、人間が他者と理解しあえるのは、ヒトの言語能力が生みだした意味によるものであることを出発点にして、＜私と他者＞という関係は、理解のみならず誤解によっても成立することや、大多数の人びとが合意する意味は社会を安定させるのに対し、新しい意味の生成は社会を変化させることをみた。

ヒトの言語能力の進化論的説明としては①があり、これは読み物としても面白い。心理学における知覚研究としては、②と③がある。社会的な事象を社会的事実として考察した古典が、④である。私たちの考えや知識が、その人の生きた時代や社会によっていかに影響されているかを研究することは知識社会学と呼ばれる。知識社会学の名著であり、イデオロギーについて周到な考察をし

たのが，⑤である。社会的な事象が，主観的な意味づけによって立ちあらわれることを,「構成された現実」という。「構成された現実」については，⑥と⑦が参考になる。

① 今西錦司［2000］,『私の進化論』再装版，新思索社
② 梅本堯夫・大山正編［2014］,『心理学への招待』改訂版，サイエンス社
③ 箱田裕司編［1991］,『心のしくみ』関東出版社
④ デュルケーム，E.［1978］,『社会学的方法の規準』宮島喬訳，岩波文庫
⑤ マンハイム，K.［2006］,『イデオロギーとユートピア』高橋徹・徳永恂訳，中公クラシックス
⑥ バーガー，P. L. & ルックマン，T.［2003］,『現実の社会的構成』山口節郎訳，新曜社
⑦ 山口節郎［1982］,『社会と意味』勁草書房

友枝敏雄 ◆

第2章 アイデンティティ

私が私であること

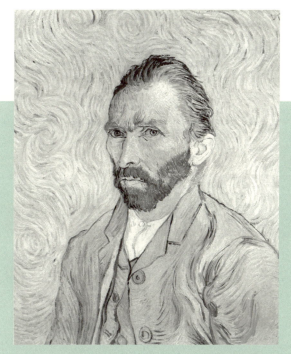

　これは、ゴッホが死ぬ約1年前に描いた自画像である。ゴッホは精神的な病をわずらっていた。この絵の人を射るような視線や、背景の炎のような渦巻きは、彼の不安定な心を感じさせる。
　もし、あなた自身の心のなかをのぞいたら、どんなものがみえるだろうか。あなたは、自分をどんな人間として描くだろうか。淋しさや辛さ、迷い、不安、自分への疑い……人はだれでもそうしたものとまったく無縁でいるわけではない。こうした、自分の自分に対する気持ち、自分のあり方・生き方への問いも、社会学の重要なテーマである。

いくつあてはまりますか

皆さんは，以下の項目のなかであてはまるものがいくつあるだろうか。

(1) 自分が何をしたいのか，どんな人間になりたいのかわからない。
(2) だれも本当には自分のことを理解してはくれないと思う。
(3) 大人になりたくない。
(4) 無理なダイエットをしてでも美しく（かっこよく）なりたい。
(5) 自分は周囲の人たちから評価されていないと思う。
(6) 最近自分の居場所がないと感ずる。

これらの項目に1つでもあてはまるものがあったら，あなたは，ここで述べるアイデンティティの問題に少し真剣に取り組んだほうがいいかもしれない。

どう生きるのか

「いまの僕には，いったい何のために高校へ行き，意味のない授業を受け，テストをして，大学入試合格をめざしているのか，わからなくなっているのです。……そしてもはや僕には，いったい何のために生きているのかということすらわからなくなってきたのです。それでもまだ，いま，僕は生きています。そしておそらくこれからも，生き続けているかぎり，生きていくにちがいありません。……」(M，高校2年)（栗原［1981］，55頁）。

「何をやっても面白くないぜ。勉強？ 眠いなあ。やんなるよ。読書？ どんな本を読んだらいいんだい。どんな本を読んでも面白味は感じないぜ。遊び？ 無意味だぜ。何をやっても面白くないぜ。／太陽が気持ち良く輝いているぜ。周りの奴等もみんな眠そうでやる気がないらしいぜ。／なんとまあ，くだらん

空間だ。こんな時，何をやるべきなんだ。こんな時すべての道徳，虚栄心，規律，みんな無だ。何もかも無だ。／世の中全部が狂ってるぜ。秩序なんてくそくらえの世の中だ。生きる尺度なんてまるでない。何を誰を尺度にしたらいいんだい」(N，高校3年生)(同，54頁)。

「私は毎日毎日の同じことの繰り返しがいやだった。変化のない日々に不満だった。私は何も思わないまま，何もしないまま死んでしまわなければならない，とあせり始めたのだ」(W，高校2年)(同，54頁)。

人は，思春期を迎え青年になり，大人になっていく過程で，いままでの生活や自分のあり方に疑問や不満をもつときがある。エリクソンによれば，人はその人格的成長の過程で，青年期に自我の危機を迎え，いままでの自分の役割やあり方を再統合しなければならなくなる。

「今日は私の誕生日である。二十歳になった。酒も煙草も公然とのむことができるし，悪いことをすれば新聞に『A子さん』とでなく『高野悦子二十歳』と書かれる。こんな幼稚なままで『大人』にさせてしまった社会をうらむなあ。／未熟であること，孤独であることの認識はまだまだ浅い。何を書きたいのだろうか？ 家族と共に生活していると，何も考えずにいても楽しく過ごせるのだ。けれども，母は，父は，昌之は，ヒロ子ちゃんは，どれだけ私を知っているであろうか，どんなことで悩んでいるのか，何をやりたがっているのか知っているのであろうか。／特に父母には年代のズレを感じる。父母は若い私達を認めようとはしない」(高野［2003］，8頁)。

青年期には，自分の生き方の模索，過剰な自意識，いままで自

覚せずに引き受けてきた役割への反省・葛藤・不満が起こりやすい。そうした経験をへて，人は，自分が，周囲や社会に心地よく受けいれられている「自分」であるという確かな感覚を得るのである。このような，自分がたしかに「自分」であるということは，どのようなことをいうのだろうか。あるいは，自分がわからなくなるとは，どのようなことなのか。人は，どのようなときに，自分のあり方について混乱したり迷ったりするのだろうか。

青年期の自分捜し

青年期は，社会の一成員としてある役割をこなしていくための心の準備がなされる時期である。私は何になりたいのか，私はどんな人間なのか，どう生きていったらいいのか……。青年期には，そうした問いと答えをめぐって，さまざまな心の葛藤や，場合によっては病理といわれるような思春期・青年期の人びとによる社会現象が生みだされていく。

「私は昭和24年1月2日から，この世界に存在していた。と同時に私は存在していなかった。家庭で幼年時代を過し，やがて学校という世界に仲間入りした。ここで言いたいのは学校における私の役割である。学校という集団に始めて入り，私はそこで『いい子』『すなおな子』『明るい子』『やさしい子』という役割を与えられた。ある役割は私にとり妥当なものであった。しかし，私は見知らぬ世界，人間に対しては恐れをもち，人一倍臆病であったので，私に期待される『成績のよい可愛こちゃん』の役割を演じ続けてきた。集団から要請されたその役割を演じることによってのみ私は存在していた。その役割を拒否するだけの『私』は存在しなかった。その集団からの要請（期待）

を絶対なものとし,問題の解決をすべて演技者のやり方のまずさに起因するものとし,演技者である自分自身を変化させて順応してきた。中学,高校と,私は集団の要請を基調として自らを変化させながら過してきた。／この頃,私は演技者であったという意識が起った。集団からの要請は以前のように絶対なものではないと思い始めた。その役割が絶対なものでなくなり,演技者はとまどい始めた。演技者は恐ろしくなった。集団からの要請が絶対のものではないからには,演技者は自らの役割をしかも独りで決定しなければならないのだから」(高野［2003］,16頁)。

思春期・青年期において,人は多かれ少なかれ,いままで無自覚だった自分のあり方を問い直し,あらためて,自分のあり方を選ぶことになる。周囲の大人たちからみた自分,友人からみた自分,それぞれの期待にそうようにふるまっている自分と,本当は少し違う自分……この時期,人は他者の視線や期待に敏感になり,他者の目にうつる自分と,それとは異なる自分の存在とのギャップを強く意識するようになる。それは,他者にこびない自分,自分が納得できる自分を捜す第一歩でもある。

また,青年期は,恋人・就職・結婚など,多くの重大な選択をせねばならない。青年期に行う選択の多くは,社会のなかでその後自分が果たしていく役割や責任を決定していくものである。恋人に好かれるよう努力をし,自己アピールをし,自分にあった職を探し,自分の将来の人生設計を考えるなかで,人は,自分を知ること,自分にあった社会的役割を見いだすこと,そして自分にあった価値観や生き方を身につけることを強いられる。

青年期は,人格の発達過程のうえでも,社会生活上の役割選択

のうえでも，自己の確立を要請される最大の機会である。アイデンティティという概念は，このような自己の確立をさしているのである。

「私」って何？

自分らしく生きる，ありのままの自分を愛してほしい，そういう言葉をよく聞く。そういうときの「自分らしい自分」「ありのままの自分」とはどんな自分なのだろう。人はそれぞれ「自分」に対してさまざまなイメージをもっている。人からこう思われたい自分，人にこう思われているであろう自分，それぞれの状況で使い分けている自分，ありのままの自分……。人はさまざまな自分を抱えて生きている。しかしだからといって，多くの人は分裂しているわけでも，ころころ人格が変わるわけでもない。昨日の自分と今日の自分は同じ自分であり，10年前の自分も10年後の自分も同じ自分である。

このように，自分が自分であるという確かな感覚には，自己の時間的連続性と不変性が基本的な要素となっている。私は，大学生であり，塾の教師であり，娘であり，○○君のガールフレンドであったりするのだけれど，でも，そのすべてをつうじて，私は私なのである。洋服は変えるけれど，中身は同じというわけだ。

しかし，自分が時間をつうじて連続しているという感覚や，状況によって変わらずに自分であるという感覚だけで，その人が「アイデンティティを確立している」とはいわない。社会学における「アイデンティティ」という言葉は，E. エリクソンの用語を基礎としている。エリクソンの「アイデンティティ」には，このほかに，社会的な認知による居心地のよさと，人の発達過程のなかで達成されるという2つの要素が含まれている。すなわち，

あれも私，これも私

　人が確かなアイデンティティを維持するためには，自分が一貫した1つの統合体として，自分の存在を感じているだけでなく，そうした自分を他人が認めてくれている，あるいは受け入れられていると感ずることが必要である。そして，そのようなアイデンティティは，人の人格的成長の過程で確立されるものなのである。

　エリクソンは，S.フロイトの理論を基礎として，人間がその成長にともない，自己を形成していくモデルを示している。人は，生まれてから各成長段階にしたがって，信頼・自律性・積極性などといった，それぞれの段階で達成するべき課題を達成しつつ成長していく。赤ん坊のときには，授乳や抱っこをつうじて他者に対する基本的な信頼を獲得し，2～3歳くらいでは，自分の意思で何かをしようとしはじめ，自律性を獲得する，といった具合である。こうした発達のモデルのなかで，アイデンティティは青年

期に確立するべき発達課題である。人は，青年期にそれ以前の自分のあり方をあらためて問いなおし，社会や周囲の影響や自分の内面的な葛藤をつうじて，1つの統合された自己を確立していくのである。このような青年期の葛藤をつうじて確立される自己が，「アイデンティティ」と呼ばれ，その葛藤は，「アイデンティティ危機」と呼ばれる。

アイデンティティと社会とのかかわり

社会学において，アイデンティティという言葉が大きな意味をもっているのは，そこに社会的な契機が含まれているからである。アイデンティティの確立には社会的な期待が強く影響する。第1に，アイデンティティを維持するには，それが周囲の人びとから，とくに自分にとって重要な他者から受け入れられていることが必要である。自分がもっているアイデンティティと異なるアイデンティティを周囲が要求するとき，人は混乱してパニックに陥ったりすることがある。たとえば，ふだん温厚で優しい性格であった若者が，徴兵で戦地に送られ，多くの人に暴力を加え殺すことを強制されて，精神的に異常をきたすことがある。この場合には，若者が自分で維持していたアイデンティティと異なる自分としてふるまうことを上官や戦友から要求された結果，自分をどのように維持すればよいかがわからなくなってしまうのである。

第2に，アイデンティティの確立には，周囲の重要な他者からの反応や期待以外に，その時代の，その社会の一般的な期待が影響する。たとえば，戦争中は，国策に協力して闘う兵士として，あるいは軍事産業を支える労働者や，銃後の守りを固め兵隊をつ

くり送りだす母として，アイデンティティを形成することが要請された。

このような，大きくいって2種類の社会的期待の影響によって，アイデンティティの形成は個人的なものでありながら，社会的な現象としての様相を帯びてくる。その時代，その社会に特徴的な，自我をめぐる病理的症状を訴える若者たちが出てきたり，その社会の若者たちに共通した人格特性がみられたりすることになる。青年期におけるアイデンティティの確立には，葛藤と，青年期に果たすよう期待された社会的課題がともなうため，若者たちのアイデンティティ形成に共通する社会的特徴は，しばしば，1つの社会現象をつくりだす。

近代社会とアイデンティティ

アイデンティティという言葉は，しばしば確立されねばならないもの，人が持たねばならないものとして語られる。しかし，そうして価値づけられているアイデンティティという言葉は，いくつかの意味で使われている。第1に，人格の一貫性・安定性を重視した使い方。これは，日常生活に混乱をきたして精神分析にかかるような場合をさす。第2に，人格の発達過程における未熟さを，アイデンティティの未確立としてとらえる使い方。第3に，第2の未熟さの問題と関連して語られることも多いが，青年期に期待される社会的役割を引き受けないという意味で，アイデンティティの確立を語る使い方である。

第2の使い方は，アイデンティティという概念が，社会的役割以外に，そうした役割をコントロールする「自分」という，いわば社会的に期待されたもう1つの役割なのかもしれないというこ

とを示唆する。アイデンティティは，青年期に確立されねばならないものであり，それは，個人によって違うとはいっても，やはりある範囲のふるまい方やものの見方をさしている。おそらく，そこには，親からの最終的な自立と，社会生活の一般的な管理能力が含まれている。

　どんな社会でも，一定の年齢になると社会の一員としての役割を果たすことが求められ，移行儀礼が行われたりする。しかし，近代社会では，1つの社会的役割だけではすまされない。私たちは，子どもに対しては母親／父親であり，配偶者に対しては妻／夫であり，親に対しては娘／息子であり，職場においては〇〇会社の営業担当社員であり，地域においては町内会の一員であり，同窓会では〇〇校の出身者であり……といった具合に，さまざまな役割を，状況に応じて使いわけている。〇〇家の長男，次男といったことだけで，さまざまな状況での行動のしかたが決まるわけではないのである。

　こうした，1人の人間が，状況に応じてさまざまな役割を使いわける社会では，1人の人間としての社会的な一貫性を，役割以外に求めねばならない。アイデンティティは，さまざまな役割を演じていく個人にとって，その一貫性のあり方を保証する。また，社会にとっても，役割の背後にあって，さまざまな社会的役割を管理し，状況に応じて適切に使いわけていく，一般的能力をもった社会の構成員を保障しているのである。

　「私」というものが，具体的にどういう存在なのかはわからない。しかし，少なくとも，社会的役割とは異なる，役割を取捨選択して適切に行動を管理していく存在があるということが，多くの状況と役割に分割された近代社会には，重要なことである。この

「私」は,たんなる個人ではいけない。それは意思をもち,積極的に働きかけていく「主体」でなければならない。みずからを管理し,みずからの意思で,他者や対象に向かって働きかけていく一貫した「主体」があるということが,近代社会の基本的な前提なのである。アイデンティティは,こうした「主体」の具体的な表現形態だと考えることができる。

このように考えていくと,アイデンティティの確立ということが,あらゆる社会にとって必要とされている普遍的な課題なのかということも,実は,少し疑ってみる必要がある。社会によって,大人の条件はさまざまである。ほとんどの人が,何の葛藤もなく,親や周囲から決められた役割を果たしつづけ,それがその人の「自分」であるという社会もあるかもしれない。

アイデンティティという言葉は,いまではいろいろに使われている。人間以外の組織や集団に使う場合も多い。この場合は,発達論的な意味あいをもたせずに,組織や集団がもつ,その組織や集団としての統合感や集合体としての自己認識をさしているようだ。しかし,アイデンティティという言葉の,そもそもの学問的な用法を検討すると,近代社会の人間観が背景になっている。

しかし,このことは,アイデンティティが重要ではないということでも,アイデンティティの確立が必要ではないということでもない。むしろ,事態は逆である。現代日本では,かつてほど,自我の確立が若者の関心事ではなくなった。若者が実存哲学を読んだり,全共闘を支持していた頃と違って,「人生をいかに生きるべきか」「自分はいま何をするべきか」などといった事柄を,ことさら持ちだして悩むことがかっこいい時代ではなくなってしまった。だが,だからといって,若者たちは,アイデンティティ

の確立を必要としていないわけではないのだ。占いで，自分がどんな性格で，何に向いているのか，何をすればよいかなどを答えてもらおうとし，まじないやお守りを頼りにし，宗教やさまざまな啓発運動に参加して，自分の潜在的な能力を開発することで自分に自信をもとうとする多くの若者たちがいる。拒食症や過食症を典型とする，こころとからだをめぐる思春期の病理も少なくない。多くの若者たちが，社会的な期待や他人のためではない，自分のあり方を確立し，自分に自信をもつことを欲している。さらに，これは若者だけの問題ではない。離婚，出向，退職，病気などをきっかけとして，いままで自分が自分の一部として一体化してしまっていた社会的役割が壊れるとき，少なからぬ人がこころの危機に直面し，自分を問い直すことになる。

　近代社会の成立以後，のぞむとのぞまないとにかかわらず，特定の社会的役割のみに一体化して自分の存在を考えることはできなくなってしまっている。そうした状況は，終身雇用制や家族が不安定化してきて，ますます強まっている。私たちは，さまざまな社会的役割にうまく対応していかねばならないし，そうした役割の背後にある「自分」という存在に，より多くの価値を見いださねばならなくなっている。アイデンティティの確立は，近代社会以後，青年期のみならず，だれもが求める人生上もっとも重要な課題になりつつある。

サマリー&文献

　　この章では，青年期の具体的な心理的葛藤を紹介しながら，アイデンティティという概念について説明し，さらに，エリクソン

によるアイデンティティ概念を，近代社会という社会的文脈に関連したものとして検討した。エリクソンの著書は難解だが，①，②が比較的読みやすくまた代表的でもある。アイデンティティの概念をわかりやすく説き，現代日本の状況をアイデンティティという概念によって説明しようとしたのが③である。

アイデンティティという言葉は，1960年代末から70年代にかけての若者たちの突出した行動によって注目を集めた。当時の学生運動およびヒッピー化など，若者たちが大人にとって理解できない行動をとったことが，青年期のアイデンティティの確立の問題を，社会学上の重要な研究課題にしていったのである。④，⑤は，この章でも一部引用したが，当時の若者たちの抱えた自己をめぐる悩みと社会との関係をよくあらわしている。④は，自殺した若い女性が書いた日記であり，当時広く共感を読んだベストセラーである。⑤は，社会学者による当時の分析であり，若者たちが社会の決められた役割や責任をそのまま担うことを拒否し，自分を変えていく決断をしたことが，1つの社会変革になりうるという希望を語っている。⑩は自己の存在証明という観点からアイデンティティを扱っている。最近の構築主義的なアイデンティティ論については，6章の文献を参照してほしい。

アイデンティティ以外にも，自己の精神的安定や性格と，社会との関係など，個人としてのあり方と社会との関係は，社会学や社会心理学の興味深い研究対象である。⑥は，精神分析の研究であるが，統合失調症と親とのコミュニケーションの関係を述べ，コミュニケーション論に1つの見方を与えた。歴史的な視点から，人びとが共通にもつ社会的性格の変化を論じた⑦は，社会の変化と人びとのパーソナリティ形成の変化との関連を説得的に述べた名著であり，⑧は，権威主義と社会的性格との関連を説いた古典である。⑨は，自己・自我の基礎理論を述べた古典である。

① エリクソン,E. H.［1973］,『自我同一性』小此木啓吾編訳,誠信書房
② エリクソン,E. H.［1977］,『幼児期と社会』仁科弥生訳,みすず書房
③ 小此木啓吾［2010］,『モラトリアム人間の時代〔改版〕』中公文庫
④ 高野悦子［2003］,『二十歳の原点』新潮文庫
⑤ 栗原彬［1981］,『やさしさのゆくえ＝現代青年論』筑摩書房
⑥ レイン,R. D.［2017］,『引き裂かれた自己』天野衛訳,ちくま学芸文庫
⑦ リースマン,D.［1964］,『孤独な群衆』加藤秀俊訳,みすず書房
⑧ フロム,E.［1965］,『自由からの逃走』新版,日高六郎訳,東京創元社
⑨ ミード,G. H.［1973］,『精神・自我・社会』稲葉三千男ほか訳,青木書店
⑩ 石川准［1992］,『アイデンティティ・ゲーム』新評論

──────────坂本佳鶴惠◆

第3章 スティグマ

他者への烙印

　マリリン・モンローは,セクシーで頭が弱い金髪娘としてスターになった。しかし,本当の彼女は違っていたという。マリリン・モンローは,いつも自分の実像とつくられたイメージ,人から見られる自分とそうではない自分とのギャップに悩んでいたようだ。彼女が生まれもった挑発的な身体は,ある見方からすれば,たいへん羨ましいものだが,彼女自身にとっては,小さいときから敵視されたり誤解される悲劇のもとであったのである。

　マリリン・モンローは,そのおかげでスターになったからそれでよかったのだろうか。私たちはよく人を色眼鏡で見がちだが,それはその人や私たちにとってどのような意味をもち,どのような結果をもたらすのだろうか。

ガイジンというスティグマ

　私たちは，よく，知らず知らずのうちに，思い込みでものを見たり判断することがある。その対象が，ものではなく，人であるとき，しばしばその人を傷つけることになる。たとえば，日本語を流暢に話すアメリカ人に話しかけられたとき，相手が日本語を喋っているにもかかわらず，一生懸命英語で話そうとしたり，片言のヘンな日本語で対応しようとしたりする人がいる。相手の外見から英語で話さなければならない人，日本語の通じない人と思い込んでいるのだ。このことは，自分が日本人と同じように日本語を話し理解できると思っている当のアメリカ人をいたく傷つけることになる。

　多くの日本人は，日本語を話すこと，日本人であること，日本の文化や風習を理解できることを，黄色人種であるという外見と結びつけて考えがちである。日本語をよく話し，日本の文化に通じている白人や黒人は「ヘンな外人」とみなされ，たとえ国籍が日本であっても，決して同じ日本人の仲間には入れない。このことは，日本の社会でも，アメリカやヨーロッパなど多くの移民を受け入れる社会のように，社会の同じ一員として受け入れられたいと願う人びとを失望させる。

　英語を母国語とする国から来る白人系の外見をもつ人びとは，しばしば日本で多くの恩恵を得る。英語の教員としての職を得やすく，好ましいガイジンとして多くの「日本人」から歓迎され親切にされることが多い。しかしこのような少なからぬ人びとが，いつまでもガイジン扱いされることに失望する。同じ仲間として扱ってほしいのに，いつも変わった人・異邦人でいるしかないのだ。しかし，欧米にコンプレックスを抱きつつ親切にしている日

本人にしてみれば、なぜ彼らが不満を覚え失望しているのかを理解できない。

彼らが失望するのは、彼らがそう扱われたいと思っている彼らのあり方と、周囲の日本人の彼らに対する見方や扱い方が異なるからである。このような日本人の態度は、日本社会の閉鎖性をあらわしているということもできるだろう。しかし、そうした、なぜ本人がのぞむような見方や接し方ができないのかという問題に飛ぶ前に、ここでは、周囲が、本人がのぞんでいるあり方と異なる決めつけを行うために起こる悲劇の社会学的分析について述べよう。

スティグマ——私はそんな人間じゃない！

他人が自分に対して「本当の自分」とは異なった決めつけをするというのは、同じ１つの社会のなかでもしばしば起こることである。その多くは、社会的偏見にもとづいている。たとえば、両親がそろっていない家庭の子どもに対して、「普通とは違う環境」で育っており、「かわいそう」とか「ひねくれやすい」とみなす人がいる。シングル・マザーの子どもであるＡ子は、自分は結婚した両親の子どもであろうが、母親だけしかいない子どもであろうが、関係がないと思っている。しかし、周囲は、両親が結婚せず父親がいない子どもを、「普通とは違う環境」で育った「かわいそうな子ども」とみなしたりする。「お父さんがいないのにりっぱなお子さんだ」というのは一見褒めているようだが、父親のいない家庭ではよい子は育ちにくいという偏見を表明しているのだ。

スティグマは、それがあるために、自分が思っている社会的な

アイデンティティとは異なるアイデンティティや，それにもとづく反応を引き起こす特徴をさす。A子からみれば「未婚の母の子」というのは自分がのぞまないスティグマであり，日本で普通に暮らしたいと思っている外国人にとって「ガイジン」というのは自分がのぞまないスティグマである。スティグマという言葉は，もとはギリシャ語で，異常ないしは悪いところのある人びとを区別して示すため身体につけられたしるしであった。奴隷・犯罪者・謀反人などが対象とされた。いまでは日常的には，汚名，恥辱といった意味で使われることが多く，病気などの症状をさすこともある。社会学では，E. ゴッフマンが社会的なアイデンティティの問題としてとりあげてから，広く使われるようになった。

　スティグマは，それがなければ手に入るはずだった自己のアイデンティティとは異なる，本人がのぞまない偏見にもとづく周囲の否定的な態度や行動を引き起こす。A子は，不良になりやすいという疑いのまなざしでみられたり，自分たちと違うということでいじめられたりするかもしれない。ガイジンは好奇のまなざしでジロジロみられたりする。

　スティグマは，当人にとって客観的にみて不利益をもたらすものばかりとは限らない。たとえば，A子は，不遇な環境のなかでけなげに生きている子どもとみなされることによって，人からとくに褒められたり，得をすることがあるかもしれない。しかし，A子が，かわいそうな子ども，けなげな子どもとしてではなく，皆とかわらない普通の子どもでいたい場合には，A子にとってシングル・マザーの子どもであるということは，スティグマになってしまう。

　かつてマリリン・モンローという女優がいた。マリリン・モン

ローは,セクシーなことで有名で,スカートが風でまくれあがる場面やセクシーさを強調する歩き方などが話題を集めた。彼女は,少し頭が弱くお人良しで肉感的,色気たっぷりという役を与えられ,実際にそういう人間だと思われていた。そして,彼女自身,そのような人間であるかのようにみせる努力をしていた。しかし実際には,彼女は非常に知的な女性であり,自分の虚像のイメージと本当の自分の姿のギャップに苦しんでいたといわれている。スティグマはこのような,自分ののぞむアイデンティティと他者から決めつけられたアイデンティティとの落差から生ずる人びとの苦しみを分析することができる概念である。

　スティグマは,自分では変えることができない属性からきていることが多い。ガイジンというスティグマは,その外見からきているし,「未婚の母の子」というスティグマは本人が変えることができない出生からきたものだ。したがって,他者からのスティグマを避けるために,こうした外見や属性を一時的に隠して生活する場合もある。たとえば,A子が,父親は幼いとき死んだと友だちに話すことによって,A子の母親が本当は結婚していないということを隠し,友だちから「未婚の母の子」というスティグマを知られないようにするといった行為がこれにあたる。病気や障害をもつ人がそれを悟られないようにするといったことなどもその例である。こうした,スティグマを知られないようにして生活することを,パッシングという。パッシングは,周囲や社会の変化を期待しにくいなかで,個人が生きやすくするためにとる1つの戦略である。

レッテルを貼る

スティグマと非常に近い概念に、レイベリング（レッテル貼り）という言葉がある。レイベリングは、人にあるレッテルを貼り、そういう人とみなすことである。レイベリングとは、人を社会的に○○という人間だとみなすことである。レイベリングは、AさんがBさんをしかじかの人とみなす、という個人間の問題ではなく、CさんもDさんも、ある集団の全員がBさんをそういう人として扱うという、社会的な状態をつくりだしてしまうことをさしている。たとえば、近所の人たちが、A子の母親の噂をし、「不倫をして子どもを産む道徳的に問題のある人」というレッテルを貼って、交際しないよう牽制しあったり、夫を近づけないようにしようとするなどもレイベリングである。レッテルは、その人物の人間性や性格を決定する。たとえば、A子の母親が、既婚者とつきあったというたまたまの過去の行動を、道徳的に問題があるという人格的イメージにつなげて、彼女の日常のすべての行動をそれで理解しようとするなどである。レイベリングとスティグマは、他者による社会的決めつけであるという点で同じであるが、スティグマは、属性的な特徴であり、それによって自分が期待していた敬意や信頼が失われてしまうものをさし、スティグマがあることで自分と他者との間で、自分がどのように評価されるべきかの価値判断が異なることを強調するときにしばしば使われる。スティグマに比べて、レイベリングは、ある行動が原因となって人びとがその人を○○の人と決めつける（レッテルを貼る）行為に力点をおく概念である。

レイベリングは、レッテルを貼られた人が、つねに周囲からそういう人として扱われるという状態をもたらし、一度レイベリングされた人が、そのレッテルから逃れるのは容易なことではない。

レイベリングのもっとも重要な問題は，一度レイベリングされると，人は，本当にレッテルどおりの人になっていくことがあるということである。たとえば，A子が不良グループになんくせをつけられて，コンビニで万引きするように命令されたとする。不良グループに見張られて万引きをした彼女は，警備員につかまり，学校に通報され，家庭に問題がある子どもが万引きをしたとして処理される。それ以後，担任からも，クラスの友達からも「不良」として冷たい眼でみられるようになる。理解してくれる友達がおらず寂しい彼女は，不良グループとの交流を慰めとするようになり，本当の不良少女になっていく。

レイベリングは，人びとが犯罪や非行など逸脱行為の常習者になる原因の1つとして考えられている。犯罪や非行の原因としては，それ以前にも心理的発達過程に欠陥があったとする精神分析的説明や，社会の解体によって社会が人びとを統制する力が弱くなったことに原因を求める説明や，不良仲間集団の文化に同調して非行に走るなどのサブカルチャーによる説明などがあった。これらの説明には，逸脱者ないしは犯罪者とそうでない普通の人びとは明らかに異なるという前提があった。レイベリング論は，逸脱者ないしは犯罪者とそうでない普通の人びとを簡単に区別できるのかという疑問を提示したという点で画期的な理論であった。

レイベリング論は，特定のだれかが逸脱・犯罪行為を行ったということに注目するのではなく，逸脱・犯罪行為を犯した人のなかで，ある人びとが「逸脱者」「犯罪者」となっていくのはどうしてかに注目した。逸脱・犯罪行為はだれでも多少は犯すことがありえ，そのなかで特定の人びとが，周囲の人びとから「逸脱者」「犯罪者」と決めつけられることで，真正の「逸脱者」「犯罪者」

になりやすい。同じ万引きをしても、両親がそろっており経済的に恵まれた家庭の子どもは出来心でやったとされやすいが、そうでない子どもは「不良」扱いされやすいとか、白人より黒人のほうが疑われやすいといった社会の側のレイベリングにより、「逸脱者」「犯罪者」がつくられていくことがあるのである。

人は、さまざまな事情で、犯罪や非行などに走るが、最初から、確信犯であるとは限らない。ここで示したA子の例のように、当人の積極的な意思によらないでそうした行動に踏み込んでしまった人を、「犯罪者」とレイベリングすることによって、あるいは一度やった過ちをただそうと努力している人を、「前科者」として社会から排除することによって、社会が、人を犯罪や非行を常習とする世界に追い込んでしまうことがしばしばある。レイベリング理論は、そうした、社会が「逸脱者」「犯罪者」をつくりだす作用を指摘した。この背景には、何が逸脱で何が普通かは社会が決めているという発想がある。

人は期待されたとおりの人間になるか

レイベリングは、とりわけ、レッテルが否定的な評価を含む場合、個人のその後の行為に及ぼす影響を説明するための概念である。いったん、「不良」とレイベリングされると、周囲の人から、仲間外れにされたり、教室で物がなくなったり壊されたりするたびに疑われたり、休むとずる休みと思われるなどの、決めつけにもとづく周囲の反応に対処しなければならない。レイベリング理論は、こうした場合、人は、そうした他者の否定的な期待にこたえるようにふるまってしまう（つまり、本当に非行をくりかえす不良となってしまう）という側面を取り出したモデルである。

しかし，本当に，人はレッテルを貼られたらそのとおりの人物になるのだろうか。人からどう思われようと，自分はそういう人間ではないと思い，自分なりのアイデンティティを維持していくという場合もあるのではないか。実は，レイベリングという考え方の基本には，この人はこうふるまうべき（はず）だと期待をされると，人はそれに従ってしまうという仮説がある。なぜなら，もし，その期待に反した行動をとると，期待した人たちは，失望や怒りをみせたり，自分に不利益をもたらすような行動をとることが多く，期待にそった行動をとると，得をすることが多いからである。A子も，周囲から不良といわれれば，逆に周囲の期待に背かないように行動したほうが，いちいち反論していくより居心地がいいかもしれない。A子はすでに周囲から仲間と思われていないのだから，むしろ自分を仲間として受け入れてくれる，自分と同様に「不良」とされている人たちと仲良くしたほうが楽で楽しいかもしれない。

　他方，スティグマという概念は，他者からのアメとムチによって，人がかならずしも他者の期待にそって行動するとは限らないことを含意した概念である。スティグマは，レイベリングという考え方とは異なり，他者に対して主張していく自己がいるという前提に立っている。スティグマという概念は，レッテル貼りに対して，たんに他者からひどいレッテルを貼られるということだけでなく，それを受け止め評価する自分という存在（主体）の働きに目を向ける。スティグマでは，しばしば他者からこう思われたいと思っている自分のあり方と，他者からの見方が異なっているというギャップを，当人がどう処理していくかが問題となる。

　A子は，「不良」という汚名をそそぐことを試みたが，なかな

か理解してもらえない。どうせ努力をしても無駄だと思ったとき，本当に不良になるということ以外にどういう選択肢があるだろうか。皆からは「不良みたいで恐い」と思われていても，本当は優しくて人と変わらないのだと思ってくれる友人をもつことによって，「不良」ではない自分のアイデンティティを維持していくかもしれない。少数の自分を理解してくれる友人の前では，本当の（自分がこういう人間だと思う）自分でいながら，ほかの人びとに対しては，期待にこたえて「不良」っぽくふるまい，恐れられていることを逆に利用して掃除をさぼったり，いじめられている友人を救ったりして，したたかに生きていくかもしれない。あるいは，転校して，前の学校で「不良」と思われていたことを隠してうまくやっていく（パッシング）かもしれない。

　これらの対処方法は，A子がクラスメートに「不良」とレイベリングされているという状態を変えるわけではない。しかし，A子が自分自身を「私は不良なんだ」と思って不良になっていく道以外のあり方もあるということを示している。「不良」というレイベリングを変えないという点では，上のようなやり方は，積極的に社会を変える姿勢がないと批判されるかもしれない。しかし，少なくとも個人が社会が決めたとおりになるわけではないという意味で，限定されたものではあるが，個人の抵抗を読み取ることもできる。個人は社会のなかでたえず影響を受けながら，そのなかで生きている。したがって，社会的な圧力からまったく自由な個人もいないが，だからといってすべて社会的圧力に従っているわけでもない。スティグマは，そうした個人と社会との微妙な関係を語るうえで手掛かりとなる考え方の1つである。

スティグマと差別

スティグマの例をみると、これは、差別をさしているのではないか、と思う人も多いだろう。人はスティグマをもつことによって、人間としての価値をおとしめられ、傷つく。人から差別を受ける場合には、人間としての価値をおとしめられたと感ずることがほとんどであるから、差別の多くは、スティグマをともなう。そうした意味では、スティグマは、市民社会における基本的権利の剥奪や組織のなかでもつ権力の格差などの政治的な差別や、雇用・賃金の格差などの経済的差別に代表される差別の諸側面のなかで、人格的な差別の微妙な側面について語るときに有効な概念といえる。

スティグマは、個人的な価値とのずれを問題とすることによって、社会的正義に照らして明らかに不利益だとはみられにくい、一般的にたいした問題ではないとして見過ごされやすい「個人的」な苦痛も、個人的な感受性の問題以上の、社会的問題として扱うことができる。たとえば、大家さんがA子の境遇に同情し、近所の子どもとの喧嘩をみるといつも割ってはいって、彼女のようなかわいそうな子どもをいじめてはいけないと注意して止めさせるという場合を考えよう。この場合、大家さんの善意やこのことによっていじめられないですむという利益にもかかわらず、A子は、大家さんのこのような行為や態度をいやがる可能性がある。A子は、大家さんの行動によって、ほかと違うかわいそうな子どもというレッテルを貼られて、ほかの子どもと対等に喧嘩をすることができなくなってしまうのである。大家さんのこの行為は、「差別」と呼ばれることはあまりない。A子はいじめられなくてすむ、あるいは大人にかわいがられるという意味で得をしているともいえる。いいかえると、この場合、A子が感ずる苦痛は、従

来の見方ではみえにくい。スティグマは，自分が他者からこうみられたいと思っている社会的アイデンティティを否定する特徴に注目することによって，自分が期待するアイデンティティと他者からのレイベリングとのギャップを示し，このように，従来の見方では理解しにくい，社会的な立場が個人にもたらす苦痛をも説明することを可能にしている。

スティグマという概念を用いることによって，私たちは，人によって差別を苦痛に感ずる人もいれば感じない人もいるという個人差の問題も解決できる。上のような例では，大家さんの行動に感謝する人もいるかもしれない。しかし，それは，だから問題がないということではなく，スティグマという概念をもちいれば，大家さんの行為の意味は，他者からこうみられたいと思っている自分の社会的アイデンティティに個人がどのくらいこだわっているか，ということに依存しているのである。このように，スティグマによって，従来の見方だけでは論じきれない，社会が個人にあたえる，個人差のある心理的な傷害，ダメージを，社会学で扱うことができる。

客観性と主観性

社会学は，社会科学として，社会にある問題を指摘し，その原因を究明するという側面をもっている。そうした問題提起は，社会をなるべく客観的にみて，その欠陥を直していこうとする態度であるやり方と，まさにその問題にかかわっている個人の立場に身をおいて，その苦しさや改善すべきことがらを指摘していくというやり方の2つがある。スティグマやレイベリングは，後者の見方から出てきた概念であり，問題の渦中にいる個人の立場に立ってみると，客

観的な見方ではみえない事象や原因がみえてくることを明らかにした代表的な理論である。

　この概念の特徴の1つは，他者からどのようにみられ，どのようなことを期待されるかという問題を，アイデンティティのレベルでとらえたということである。従来の社会学の理論では，この問題は，社会的地位と対応する役割およびその役割に対する期待（役割期待）というレベルでしか考えてこなかった。人は，医者，部長，営業マンなどの職業における地位や，娘，母親，父親などの家族における地位におうじて，特定の行動をとることが社会規範となっている。たとえば，医者は患者を治す，営業マンはセールスをする，母親は子どもの世話をするなどである。このような役割の遂行を，個々の場面で，お互いに期待しあうのが役割期待である。人は通常複数の役割をもっており，場面におうじてどのような役割を担うかは異なる。ある人は，子どもに対しては母親で，買い物をするときは主婦で，仕事をするときは係長である。役割は，通常，このような限定性をもっている。しかし，ある種の社会的地位は，いかなる社会的状況においても，その個人に対して一定の期待や予測を形成することがある。たとえば，障害者，犯罪を犯したことのある人，不良，黒人，女性などは，すべての状況において，○○のようにふるまうのではないか，という予測を人に与えがちである。このように，スティグマやレイベリングは，社会的地位や役割がもつ限定的な役割期待だけでなく，人に及ぼす包括的な効果，すなわち社会的に与えられたアイデンティティを形成するという側面（ゴッフマンは，これを「役柄」と呼んでいる）がもつ意味に注目した概念である。

　レイベリングは，この社会的アイデンティティがもつ包括的な

期待にそって，人が行動していく可能性を示し，社会が個人の主観に影響を与えることによって個人をコントロールしている側面を指摘する。スティグマは，個人がもつ自己イメージを持ち込むことで，社会によってコントロールされるだけではない多様な戦略の可能性を示し，そのことによって，かならずしも社会的な力に屈するだけではない個人の存在という，新しい社会と個人との関係を示したのである。

サマリー&文献

　スティグマ，レイベリングという概念は，同じような意味で用いられることも多い。しかし，この章では，スティグマ，レイベリングという概念の違いにこだわることによって，双方の概念が，個人がどう感ずるかという主観の問題を，社会学の重要な問題としてとりこんだ点を指摘しつつ，人からどうみられるかという他者の見方の影響ばかりでなく，個人の受けとめ方までを視野にいれた広がりのある概念であることを指摘した。

　スティグマの基本文献としては①を，レイベリングの基本文献としては②，③をお薦めする。②，③とも理論とともに具体的な事例の分析がなされており，②は麻薬中毒など，③は精神病をめぐるレイベリングを扱っている。レイベリングの具体的問題として関心の大きい，少年の非行に関しては，④がまとまっている。

　レイベリング論は，元来，犯罪や非行の原因をどこに求めるのか，という問題に答えようとした1つの理論であった。従来の，犯罪や非行の原因を個人に求めたり，社会的な統制の欠如や若者集団の非行文化などに求める考え方に対して，そもそもある行動や人間を，「犯罪」や「非行」と断定すること自体を問題とする

ユニークな立場をとった。レイベリング論は，いままでの犯罪・非行学，さまざまな「逸脱」や「病理」を扱った議論が疑わなかった，正常／逸脱といった定義の正当性に，疑いをさしはさんだ。私たちは，彼らを「逸脱者」だと思っているけれど，本当にそうなのだろうか。もしかすると，私たちの定義そのものに問題があるのではないか。そうした立場から，正常／逸脱という社会的定義自体が，逸脱者をつくりだしていく（まず正常／逸脱という線引きをするということによって，そしてこの章で主要に扱ったように，特定の人びとを「逸脱者」として扱うことによって）メカニズムを明らかにしようとしたのであった。こうした従来の犯罪理論などとの関係でのレイベリング論の成立に関しては，⑤が詳しい。また，⑥は，レイベリング論の出てきた社会的背景や，その後の批判も含めて，犯罪学のなかでのレイベリング論の意味と限界についてよくまとまった本である。

　レイベリング論は，社会学理論の流れでは，1960年代，現象学的社会学の影響を受けて出てきたシンボリック・インタラクショニズムの一流派と考えられることが多い。やや遅れて1960年代末から70年代にかけて，現象学的社会学やゴッフマンなどの影響を受け，日常生活に焦点をあて，普通の人びと自身がもっている認識や知識を重視して分析するという態度をもつエスノメソドロジーという流派が登場した。エスノメソドロジーの古典的著作には，レイベリングの考え方を部分的に用いた優れた研究がみられる。なかでも，D. スミスの，精神病者へのレイベリングを扱った論文や，H. ガーフィンケルの，生物学的には男性でありながら自分のアイデンティティは女性であり，女性として社会生活を送っているアグネスのパッシング過程に関する事例研究は，優れたレイベリングやスティグマの事例分析となっている。これらの論文は，全体または該当部分が⑦に訳され収められている。

① ゴッフマン,E.［2001］,『スティグマの社会学』石黒毅訳,せりか書房
② ベッカー,H.［2011］,『完訳 アウトサイダーズ』村上直之訳,現代人文社
③ シェフ,T.［1979］,『狂気の烙印』市川孝一・真田孝昭訳,誠信書房
④ 大村英昭［1989］,『新版 非行の社会学』世界思想社
⑤ 大村英昭・宝月誠［1979］,『逸脱の社会学』新曜社
⑥ 徳岡秀雄［1987］,『社会病理の分析視角』東京大学出版会
⑦ ガーフィンケル,H.ほか［1987］,『エスノメソドロジー』山田富秋ほか編訳,せりか書房

坂本佳鶴恵◆

第4章 正常と異常

選別と排除のメカニズム

水俣病患者たちの東京での抗議行動（1972年10月）

　1970年，水俣病の企業責任を認めようとしない「チッソ」に抗議するために，患者たちは「怨」と書いた旗を立て，白装束に身を包んで上阪した。チッソが企業責任を認めるまで，死をも厭わずに抗議行動を続ける覚悟を示すために，このような格好を選んだのだという。以後この旗と巡礼姿は，運動のシンボルとなった。

　江戸時代の百姓一揆を連想させたその姿は，現代では異様なものだろう。しかしそれ以上に異常なのは，有機水銀が病気を引き起こすことを確認していた企業が，その後も有機水銀を垂れ流すことを正常な営業活動とみなしていたことである。

　正常と異常を分けるメカニズムは何か。正常と異常という意識の背後には，どのような社会関係と力の行使が潜んでいるのだろうか。

ムスリムはなぜ豚肉を食べないのか

ムスリム（イスラーム教徒）が豚肉を食べないことは，多分あなたも知っているだろう。それはイスラームの教えが禁じているためだが，その禁止がどれだけ根深いかを，具体的に知っている人は少ないに違いない。

私はほとんど毎年のように，西アフリカで調査をしている。西アフリカでは各地でイスラームの浸透がめざましく，私の調査している村も，ほぼ全員が熱心なムスリムである。西アフリカの全土は1982年から84年までたいへんな干ばつに見舞われ，私の調査している村でも収穫は平年の4分の1以下という有様だった。

私は1984年の4月から6月まで村に滞在していたが，この時期は1年でもっとも暑い季節である。気温は連日45度を超え，ときに50度に達する。健常者でも耐えがたいこの暑さを，栄養の不足した彼らがどうして耐えられるだろう。病人や老人，子どもなど，体力のない人間から死に襲われていた。ところが飢えに苦しむ村のまわりでは，猪（野生の豚）が大量に出現して，わずかの作物を荒らしていた。そこで人びとは猪の害を避けるために，畑のまわりに小屋を立て，寝泊まりしながら猪を追い払っていたのだった。

私は何度も議論をしたものだ。「猪を食べればいいじゃないか。それを殺して肉を食べれば，栄養にもなるし，作物の害を減らすこともできる。不要な労働もしなくてすむ。一石三鳥じゃないか。イスラームが豚肉を食べることを禁止しているといっても，神様だってこんな非常時には大目にみてくれるだろう」。ところが，彼らは口々に答えたものだ。「いや，できない。イスラームの教えに背いたら，私たちは人間以下になってしまうから」。

ムスリムである彼らにとっては，豚肉を食べることの禁止を守ることが正常な行為であり，その教えに違反することは，どんなに飢えに見舞われようと異常行為だというのである。命があって信仰があるというより，信仰があってはじめて命があるという考え方。そうした考え方は，私たち日本人には馴染みにくいものだろう。しかし，宗教が正常と異常の区別を定め，それが人の行動を左右しているケースは多いのである。

ホモ・セクシュアルに対する抵抗感

　ある状況を想像してほしい。あなたは電車に乗っている。あなたの目の前には，若い男女のカップルが立っている。彼らは体を寄せあっているばかりか，そのうち抱きあってキスさえしはじめた。それをみているあなたはどんな感情をもつだろう。よくやるよ，と思うだろうか。恥ずかしくなるだろうか。いずれにしても，それほど不快感をもつことはないだろう。

　しかしそれが2人の男性だったらどうだろう。目の前に立っている2人の男性が，手を握るだけでなく，キスをはじめたとする。それを眺めるあなたは，男女のカップルと同じ感情をもつだろうか。多分あなたは（私もそうだと思うが），拒否反応をもつことのほうが多いのではないだろうか。

　世の中にはホモ・セクシュアルの志向をもつ人間が大勢いること，彼らは性的にも精神的にも特別な存在ではなく，1つの志向であり，生き方であること。頭ではわかっているつもりでも，現実に目の前にすると，特別の感情が生じてくるケースが多いだろう。

　なぜ私たちはホモ・セクシュアルに対して特別の感情をもつの

だろうか。それは，男女の関係，つまりヘテロ・セクシュアルを正常とみなし，ホモ・セクシュアルを異常とみなす考え方が，私たちに植えつけられているためである。

とはいっても，ホモ・セクシュアルがつねに異常とされてきたわけではない。女性の地位が低かった古代ギリシャでは，中年の男性と若い男子のカップルが理想とされていたことは，哲学者プラトンもくりかえし書いている。ところが中世になると，ヨーロッパではホモ・セクシュアル行為は禁止され，それが公になると殺されたとされる。ホモ・セクシュアルが禁止されたのは，それを禁ずる記述が聖書にあるためだが，魔女狩りの犠牲になった人の多くも，同性愛の告発によっていたというのである。

絶対的な異常？

何が正常であり，何が異常であるのか。最初に確認したいのは，正常と異常の境界は絶対的なものではなく，時代や文化によって異なる相対的なものだということである。

そのことは，豚肉食の禁止をみれば明らかだろう。イスラームでは豚肉を食べることが異常とされているが，それは彼らの聖典である『コーラン』に規定があるためである。ところでこの規定は，元来キリスト教の『聖書』に記されたものであり，『聖書』にはいまでも豚肉は不浄なので，食べてはならないという記述がある。しかし，キリスト教会はこの規定を不合理として退けたため（豚肉食を禁止しているユダヤ人と区別するためともいう），今日では豚肉を食べることは禁止されていないのである。

同じことは同性愛についてもいえる。中世のヨーロッパでは同性愛者は殺されたといったが，近代になっても，彼らは殺され

ることこそないにせよ、非難と迫害は続いていた。自分が同性愛者であることを認めることは、しばしば社会的地位を失うことを意味していたのである。

ホモ・セクシュアルが公認されるようになったのは、この30年あまりのことだろう。最近では同性愛を描いた映画も多くつくられているし、自分が同性愛者であることを公表（カミングアウト）する人もふえている。ホモ・セクシュアルに対する理解がふえるにつれ、社会的非難の対象になる事態は確実に減っているのである。

さまざまな異常のケース

正常と異常の区別が相対的なものであるとすれば、それを生みだすメカニズムはどのようなものだろうか。

いくつかのケースを考えてみよう。道路を時速100kmのスピードで突っ走る車があるとする。これが高速道路であれば、それは正常な行為である。しかし一般道路であれば、法律に違反した逸脱行為ということになる。現象的にはおなじ行為であっても、状況に応じて正常にもなれば、法律違反の逸脱行為にもなるのである。

もう1つの例。ある人間が街頭でとつぜん大声をあげ、暴れだしたとする。それを目にした人間の多くは、彼が精神的に異常をきたしたと考えるだろう。このとき彼は病的存在として解釈されているわけである。ところが彼の行動が1つの政治的な抗議行動であり、それ以外に彼には訴える手段がなかったことを知ったとする。その場合、彼に対する判断は変わるだろう。彼に対する共感や同情が生まれるかもしれない。

これらの例をあげたのはほかでもない。正常と異常というカテゴリーは，善と悪，健康と病気，規則と違反，美と醜など，人間生活のさまざまなカテゴリーを包括する概念であること，そしていかなる行為であれ，そのものにおいて異常な行為は存在せず，コンテキストや状況に応じて正常と異常の区別がなされていることを示すためである。

正常と異常の区別に，文化的な知識やコンテキストに応じた判断が必要であるとすれば，それは社会的というより，むしろ文化的なカテゴリーということができる。実際，正常と異常の観念を理解するのに大きく貢献したのは，文化の学としての文化人類学であった。

分類と異常

イギリスの文化人類学者メアリ・ダグラスは，分類から出発して異常の概念を説明しようとした。彼女によれば，私たちが世界を理解し，世界に向かって働きかけようとするとき，最初に行うのは世界を分類することだという。

たとえば私たちの部屋を考えてみるとよい。部屋が散らかり放題，散らかっているとき，私たちは何をするだろうか。同じものを集めて，棚や引き出しにしまっていくだろう。まず衣類を集め，上着，下着，靴下などと分けて，それぞれの衣類棚に収めていく。つぎに食器を集め，皿，茶碗，箸と分けて収納する。そして本，雑誌，文具類，カバンと分け，整理する。こうすれば散らかっていた部屋も，見違えるほど片づくだろう。

部屋を整理するのは簡単だろうが，世界の全体を整理するとなると，それほど容易なことではない。整理の対象になる事物がふ

えるばかりか、どこに分類してよいかわからない存在も出てくるからである。たとえばコウモリである。これは卵ではなく子どもを生み、乳を与えるが、一方で翼をもち、空を飛ぶ。鳥のカテゴリーに入れればよいのか、哺乳動物のカテゴリーに入れればよいのか、人は迷うだろう。

ダグラスによれば、『聖書』で豚が不浄な動物とされている理由もそこにある。『聖書』を見ると、清浄で食べてよい動物と、不浄なので食べてはいけない動物の基準が示されている。食べてよいのは、「反芻する」と「ひづめが分かれている」の2つの基準を満たす、牛や羊である。これらは「家畜」であり、神に捧げられる理想的な動物である。一方、この基準を2つとも満たさない動物は「野生動物」のカテゴリーに入るものであり、見つけしだい殺して食べてよい。曖昧なのはその中間の動物であり、たとえば豚はひづめが分かれているが反芻しないし、反対にラクダは反芻するがひづめが分かれていないのである。

豚やラクダの存在は『聖書』の時代の動物学者を悩ませただろう。彼らの関心が「家畜」と「野生動物」を分類することにあったとすれば、これらはその境界線上に位置する動物であり、分類をかき乱す存在だからである。そこで人びとは、これらの動物を不浄な（すなわち異常な）動物として排除することで、分類を確立し、秩序をつくろうとしたのだった（➡図 4-1）。

異常なものが不安をかき立てるわけ

このように、正常と異常の区別の背後に分類の観念があることがわかれば、異常なものがなぜ不安や拒絶をかき立てるのかが理解できるだろう。異常なものとは分類外のものであり、そ

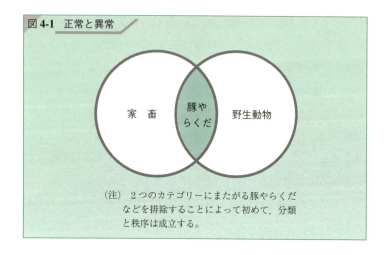

図4-1 正常と異常

(注) 2つのカテゴリーにまたがる豚やらくだなどを排除することによって初めて，分類と秩序は成立する。

れゆえ秩序の外にある存在である。したがってそれは理解できないものであるばかりか，私たちが信じている秩序を乱す存在として恐れられるのである。

たとえば鳥と哺乳動物の境界線上にあるコウモリは，わが国では不幸を連れてくる生き物として恐れられたし，東ヨーロッパではコウモリをもとに吸血鬼ドラキュラ伯爵のイメージがつくられた。また，手も足もないのに動きまわる蛇に対する恐れと畏怖は世界共通のものであり，たたりをもたらす不吉な存在とされたかと思うと，多くの社会で水の神や豊穣の神として崇拝されている。

ホモ・セクシュアルに対して示される反発と嫌悪も，そこに由来するのだろう。キリスト教世界で許容されていたのは，聖職者に求められていた絶対的禁欲と，生殖のための男女の性関係であった。このとき同性愛はそのいずれでもないため，それを認めることはキリスト教的な性の観念を覆す恐れがあった。それに加えて，『聖書』の第1頁には，男女の区別の出現が世界の秩序の出

現に先立って書かれている。とすれば、ホモ・セクシュアルを認めることは世界の秩序の基礎を乱すことになるため、徹底して弾圧されたのだろう。

　ダグラスの説明は、正常と異常という考え方の背後に、人間の普遍的行為としての分類が存在すること、そして異常なものは分類の外にあるがゆえに、不安や恐れなどの感情をかき立てることを見事に解きあかした。そしてそれは、異常とされるものを社会から排除することに人びとが積極的になるのはなぜかを、説明してくれたのである。

　この説明は、分類という人間の普遍的な作業に焦点をあわせている点で、文化的な説明といえる。しかしながら、正常と異常の区別は、先にも書いたようにつねに普遍的であるわけではなく、さまざまな社会的状況のなかで、特定の意図をもって活用されるものである。とすれば、私たちも文化的な説明を離れ、社会学的な説明に向かうべきだろう。ある特定の社会状況のなかで、ある種の存在や行為がことさらに異常なものとして排斥されるとき、その背後にはいかなる意図が潜んでいるのか、そこにどのような社会的力が作用しているのかと、問うことである。

水俣病というレッテル

　それを考えるために、冒頭でとりあげた水俣病の例に戻ることにしよう。多くの患者を生んだ水俣病が、なぜかくも長い間隠されつづけ、被害が拡大したのか。いまの私たちからすれば異常としか思えないことが、当時はなぜ正常とされていたのか。それを理解するには、チッソの操業開始からみていかなくてはならない。

　日本の南西の端である水俣の地に、最新の化学工場であるチッ

ソ（当時は「日本窒素肥料」）が操業を開始したのは1908（明治41）年である。化学工場は多くの電力を必要としたため，水力発電に適した九州ということに加え，朝鮮半島や中国への進出をにらんでの立地であった。水俣は人口3万程度の小さな都市であり，一時は税収の半分をチッソが納めるほどの企業城下町であった。一流企業であったチッソの社員は町のエリート層を構成し，一方，水俣病に冒されたのは零細な漁民であった。病気の発生が明らかになったとき，最初に指摘されたのは患者たちの社会的環境であった。彼らは貧しい食生活のために，「原因不明の流行病」に冒されたというレッテルを貼られて，村八分にされたのである。

　それに追い打ちをかけたのが，国の衛生部会であった。水俣病の患者が最初に確認された1956年からほどなく，水俣の医師が病気の原因をチッソの工場排水に求める説を発表した。それは熊本大学の医師も確認したのだが，医学界の権威である東京大学などの医師はその見解を認めようとせず，流行病や栄養失調などのレッテルを貼ることに終始した。その結果，工場排水は1968年まで少しも浄化されることなく海に流されて，被害を拡大したのである。

　こうしてみてくると，水俣病の患者たちが異常な存在として，2重，3重にレッテルを貼られていたことがわかる。教育もない，貧しい漁民というレッテル。原因不明の流行病に冒された患者というレッテル。市の経済を握るチッソに異議を唱える不逞の輩というレッテル。それに加えて，有毒な有機水銀をタレ流していた企業犯罪を，公害という当たり障りのないレッテルに変えた行政やマスコミの態度。

> **レッテルを貼り替えること**

患者たちはやがて、チッソの企業責任と、それを容認した国の責任を求めて訴訟を起こした。そのとき彼らに必要だったのは、チッソの犯罪行為を明確にすると同時に、これらのレッテルを逆転することであった。というのも、裁判所の判決も世論の趨勢に左右される以上、彼らに貼られた負のレッテルをくつがえさないかぎり、裁判の勝利は絶望的だったからである。

　そうしたなかで、彼らは自分たちに貼られたレッテルを隠すのではなく、むしろあらわにする戦術をとった。この章のはじめの写真はその一例であるが、彼らは死を覚悟した白装束で東京や大阪に向かい、企業責任を認めるまで3年以上、チッソ本社前で座りこみを行った。それによって彼らは、すべてを奪われた負の存在こそが真の人間性を示しているのだという、レッテルの貼り替えを行ったのである。それには、患者たちの苦しみや人間性を表現したユージン・スミスの写真集や石牟礼道子の『苦海浄土』も貢献したのだが、このように排除の対象であることから共感の対象へと変化したところに、転機があった。それによって、彼らの裁判での勝利は準備されていたのである。

　同情と差別は裏表の関係にある。どちらも他者を自分から切り離したうえで、差別の場合には自分の優越を見せつけ、同情の場合には他者を哀れむものだからである。身体障害者の多くが、同情ではなく、ともに生きる人間として扱ってもらいたいと述べる理由はそこにある。障害者というレッテルが先に立つことで、個々の人間の人格がかくれてしまうことのないよう、一個の人間としての共感をこそ求めているのである。

第4章　正常と異常

水俣病が教えるもの　　水俣病の例は、私たちに何を教えているのだろうか。

　私たちは価値観の多様化する社会にあって、他者にさまざまなレッテルを貼ることで理解した気になりがちである。アメリカ人は××で、中国人は△△で、アフリカの人は○○だ、という決まった考え方。あるいは、O型の人間の性格は××で、A型の人間は○○でといった血液型占いや、星座の占い。このように他者にレッテルを貼ることは、ある意味で気楽なことであり、他者を理解した気にもなれるだろう。しかしその反面、安易にレッテルを貼ることは、他者に実害を与えることもある。さまざまなレッテルを貼られて迫害された水俣病の患者がそうだったし、アジアやアフリカからの留学生がなかなかアパートを借りられないというのも、彼らに特定のレッテルが貼られているためである。

　このようにレッテルを貼ることは日常のなかでよく行われていることだが、なかでも異常というレッテルは、自分を正常であると信じている多数派の人間が、特定の人間を排除するのによく用いられるものである。精神病者、性異常者、身体障害者、犯罪者、外国人などのレッテルがそれであり、それは多数派からみて異質と思われる特性の一部で、その人間の全人格を規定しようとするやり方である。自分の特徴の一部が、自分の全体であるかのように名指されることのおぞましさは、少し想像を働かせれば理解できるだろう。それとともに、間違ったレッテルがいったん貼られたなら、それを克服することがどんなに大変であるかを、私たちは知っただろう。

　フランス革命は、ある人間にとっては自由と平等を実現した記念碑的な出来事であり、別の人間にとっては戦争と殺戮の時代で

ある近代という不幸の始まりである。1つの出来事がこのようにさまざまに評価されるとすれば、重要なのは出来事を通念にしたがってみることを止め、自分の頭で考えようとすることであろう。そしてそのためには、多くの本やさまざまな現実にぶつかり、ものごとを批判的に眺める力を養うことが必要だろう。

負のレッテルから文化の創造へ

水俣病の患者たちが企業と国家を提訴した1960年代後半は、世界的にさまざまな事件が生じた時期であった。音楽ではローリングストーンズやレッドツェッペリンなどのロックが大変な人気を博したし、それまでの型にはまった衣装から、ジーンズなどのラフなスタイルが好まれるようになったのもこの時代だった。美術界でも新しい試みが相次いだし、川端康成や三島由紀夫といったいわゆる「純文学」より、筒井康隆や藤沢周平などの「中間小説」「大衆文学」と呼ばれる小説が高く評価されるようになったのもこの頃だった。

1960年代後半はカウンター・カルチャーの時代といわれるが、カウンターとは主流の文化に対する「対抗」の意味がある。その新しい文化を担ったのは、既成の秩序に反抗しようとした若者であり、女性であり、世界的にみれば黒人であり、かならずしも豊かではない階層の出身者であった。社会のなかの周辺部に位置づけられていた彼らが、みずからの負のスティグマを十分に意識しながら、最初は異質、異常とみなされていた新しい文化や生活の様式をつくりだし、やがてそれは20世紀後半を代表する文化として承認されるようになっていったのである。

文化やライフスタイルの革新が、しばしば周辺部からやってき

たのは歴史的事実である。とすれば、社会の多数派からは異常とされて、排除や否認されている存在や行為のうちに、私たちを常識の罠から解放し、人間であることの真実性を伝えるものが潜んではいないか。もちろん、異常とされているものがすべて正常であり、文化を革新する力をもつわけではないが、一度常識を疑ってみることもときには必要だろう。そうしたなら、あなた自身と世界の姿は違ってみえるかもしれないのだから。

サマリー&文献

この章では、正常と異常という観念の背後に、人間の原初的な作業としての分類が存在すること、そして異常とされる行為や事物は、分類の範囲外におかれるがゆえに、嫌悪や不安などの感情をかき立てるものであることをみてきた。人間に普遍的と思われるそうしたメカニズムについては、①が明快に論じている。また②は、分類することが人間にとって普遍的で基本的な作業であることを、世界中の事例を引用しながら明らかにした好著である。読むのに骨が折れるかもしれないが、文化人類学の名著として挑戦してほしい。

正常と異常の問題は、善と悪、規則と違反、同調と逸脱などの問題にも結びつく。それらの問題を包括的に扱ったものとしては③がある。一方、④は、負のレッテルを貼られて排除されてきた水俣病の患者のうちにこそ、近代社会が打ち捨ててきた十全な人間性が潜んでいることを、うねるような文体で表現した名著である。

⑤は、自分が同性愛者であることをカミングアウトした人たちの発言として、私たちの多くが通念として受け入れているセクシュアリティやアイデンティティの概念が、ある人びとに対しては

抑圧的で強制的なものとして作用することを示している。⑥は，P. ギルロイが「ブラック・アトランティック」と呼ぶ，大西洋を取り囲むように存在する黒人の人びとが，新しい文化とアイデンティティの形態をつくりだしてきたことを跡づけたものである。

　正常と異常の観念は，文化とともに，そして時代とともに変化しうる。そのことは逆にいえば，正常と異常の間の境界の変化を追うことで，それぞれの時代の特徴を把握できるということでもある。近代社会が，病院や学校，工場，軍隊などの装置をつくることで，私たちの身体と意識を管理し，それを通じて生産性を飛躍的に高めてきたことを明らかにした⑦は，彼の他の著作とともに，近代という時代が何を排除し，何を優先的に取り込むことで成立してきたかを明らかにしている。

① ダグラス，M. ［2009］，『汚穢と禁忌』塚本利明訳，ちくま学芸文庫
② レヴィ＝ストロース，C. ［1976］，『野生の思考』大橋保夫訳，みすず書房
③ 大村英昭・宝月誠［1979］，『逸脱の社会学』新曜社
④ 石牟礼道子［2004］，『苦海浄土』新装版，講談社文庫
⑤ ヴィンセント，K.・風間孝・河口和也［1997］，『ゲイ・スタディーズ』青土社
⑥ ギルロイ，P.［2006］，『ブラック・アトランティック』上野俊哉ほか訳，月曜社
⑦ フーコー，M.［1977］，『監獄の誕生』田村俶訳，新潮社

第5章 予言の自己成就

現実と虚構のはざま

　人形浄瑠璃（写真）で有名な近松門左衛門は，「虚実皮膜論」という考え方をもっていた。文芸の世界は虚構の世界であるが，その虚構をつうじて真実が描きだされる。それほど真実と虚構の境目は薄いというのである。このことは，社会的現実においてもいえる。たとえば，誤った予言であっても，人びとがそれを正しい予言と信じると，その予言が真実のものとなってしまうことがある。この現象は「予言の自己成就」と呼ばれている。社会のなかでは，どうしてこのようなことが起こるのであろうか。

イメージが現実をつくりだす

『世論の結晶』の著者 E. L. バーネーズは，ホテルの名声と実績をあげることに成功した1つの興味深い事例を紹介している。このホテルがとった方法というのは，サービスの徹底をはかるとか，新しい料理長を雇い入れるとか，部屋を改装するとかいった，ありきたりの方法ではなかった。それは，各界の有名人を招いてホテルの記念祝典を開き，それを写真入りで新聞に報道してもらうというものであった。ただそれだけのことなのである。

ところが，それ以来，お客の入りが良くなった。というのも，人びとは，有名人を招いて記念祝典をするくらいだから，このホテルは「高級ホテル」であるにちがいないと思ったからである。上質のお客がホテルに来るようになったことで，ホテルの名声と実績はあがった。「高級ホテル」というイメージは，誤ったイメージであったにもかかわらず，そのイメージにふさわしい現実がつくりだされたのである。

ふつう私たちは，事実に対して誤ったイメージを抱けば，事実によってそのイメージが否定されると考えている。たとえば，天動説を信じた古代ギリシャ人の誤ったイメージは，コペルニクスによって，地球が太陽のまわりをまわっているという事実が明らかにされたことによって覆されてしまった。ところが，このホテルのケースでは，イメージのほうが事実を変えるだけの強さをもっている。

誤った予言が実現される

W. I. トマスは，「もしひとが状況を真実であると決めれば，その状況は，結果においても真実である」と述べたことがあ

る。このホテルのケースは、トマスが指摘してきたことを裏づけているが、このトマスの命題を発展させ、それを「予言の自己成就」として定式化したのは、マートンであった。マートンは、予言がたとえ誤っていても、その予言が実現されうることを、いくつかの事例をあげて説明した。

たとえば、アメリカの旧ナショナル銀行は、1932年当時、健全な経営を行っており、人びとが預金をいっせいに引き出さなければ、倒産することはなかった。ところが、ふとしたことから、支払い不能の噂が立ったために、人びとは、銀行から預金をいっせいに引き出した。その結果、銀行は支払い不能な状態に陥ってしまった。支払い不能の噂は、根も葉もないものであったにもかかわらず、ついには本当になってしまったのである。

これに類することは、ほかにもある。だれしも経験があると思うが、ひとたび「試験に落ちるのではないか」という不安にかられると、いざ本番のときに自分の実力を発揮できなくなることがある。そうなると、合格するだけの力をもっていても、試験に落ちてしまう。不安を抱いたことで試験に失敗したとすれば、誤った予言が本人の行動をつうじて実現されたことになる。

この2つの例からわかるように、マートンのいう「予言」は、一定の状況に対する認識（イメージ）のことをさしており、広い意味で理解されている。状況は、銀行のケースのように、社会的状況をさすこともあれば、受験生のケースのように、個人的状況をさすこともある。いずれにせよ、人びとは一定の状況に対する認識にもとづいて行動するが、その認識がたとえ誤っていようと、その認識どおりの状況が生まれることがある。マートンは、このような事態を「予言の自己成就」と呼んだのである。

正しい予言が破壊される

もっとも,予言が立てられると,その予言がかならず実現されるのかといえば,そうではない。正しい予言であっても,予言が立てられたことによって,予言がはずれてしまうことがある。たとえば,穴場の店が紹介されると,大勢の人がそこに詰めかけることによって,穴場でなくなってしまうことがある。この場合,穴場情報は,どこの店が穴場であるのかを知らせる一種の予言となっているが,この予言は,正しかったにもかかわらず,予言が立てられたことによってはずれてしまった。このような現象は「予言の自己破壊」と呼ばれている。

自然的世界と社会的世界との違い

社会には,このように誤った予言が実現されたり,正しい予言が破壊されたりすることが起こる。この2つの現象は,正反対の現象であるが,自然界にみられないという点では共通している。たとえば,地球の運行を誤って予測したからといって,その誤った予測どおりに地球が運行することはないし,逆に,地球の運行を正確に予測したために,地球がその予測からはずれることもない。というのも,地球の運行は,人間の予測とは無関係に決定されているからである。地球の運行は,自然法則によって決定されており,そのために予測という人間の営みに左右されることはない。

ところが,人びとのかかわりのなかから生みだされた社会現象は,すべて認識という人間の営みに媒介されている。人びとは,自分をとりまく状況を認識し,その認識にもとづいて行為を行っている。社会的世界は,そうした人びとの行為をもとにして成り

立っている。状況に対する認識が変われば、行為のあり方も変わるし、ひいては社会的世界のあり方も変わる。認識と行為は、どちらも社会的世界を構成する不可欠の契機として、社会的世界のなかに組み込まれている。そうである以上、社会的世界は、自然的世界のように、人間の認識的な営みから独立して存在するのではない。予言の自己成就や自己破壊が起こる理由も、このような自然的世界と社会的世界の違いにある。

では、認識と行為は、どのような関係をもっているのであろうか。そして予言の自己成就や自己破壊は、社会的世界のなかでどのようにして起こるのであろうか。

認識と行為の関係

人間は、一定の状況に対する認識にもとづいて行為するが、そうした行為の結果は、ふたたび認識される。そして、その認識にもとづいて新たな行為がなされる。それゆえ、認識と行為の間には循環的な過程がみられる。このような循環は、「フィードバック」と呼ばれている。

フィードバックというと、「こたつ」のサーモスタットを思い浮かべる人が多いかもしれないが、サーモスタットに固有な原理ではない。サーモスタットが働くのは、「こたつ」のなかに、温度を感知する装置と空気を暖める装置（電熱器）が備わっているからである。この2つの装置は、人間でいえば、それぞれ認識的な働きと行動的な働きをしている。20°Cに設定された「こたつ」の内部は、20°Cを下まわると、それを感知して、電熱器が作動するし、20°Cを上まわると、それを感知して、電熱器が切られる。こうして「こたつ」の温度は、ほぼ一定の状態に保たれるのである。

フィードバックの種類 I

　それゆえ，フィードバックは，知能的な機械，動物，人間など，認識と行為を営むすべてのものにみられる。たとえば，車を運転しているドライバーは，カーブにさしかかるとハンドルをまわし，カーブを曲がり切ると，ハンドルをもとに戻すが，ここではハンドル操作は，車がつねに道路の上を走るように修正されている。ここでもフィードバックをつうじて一定の状態が保たれている。このようなフィードバックは，「ネガティブ・フィードバック」と呼ばれている。「こたつ」のサーモスタットも，ネガティブ・フィードバックの原理に従っている。

　ところが，人間の認識と行為には，ネガティブ・フィードバックばかりでなく，それ以外のフィードバックも働いている。ネガティブ・フィードバックは，一定の状態を保つように作用するが，それとは逆のことも起こりうる。つまり，認識と行為が繰り返されていくなかで，最初の状態からどんどん離れていくこともありうるわけである。たとえば，国家間のなかで完全な自由貿易が行われると，豊かな国々はますます豊かになり，貧しい国々はますます貧しくなるような悪循環が起こりうるが，こうした悪循環は，「ポジティブ・フィードバック」の働きによる。ネガティブ・フィードバックが一定の状態を保つように作用するのに対して，ポジティブ・フィードバックは，新しい状態をつくりだす働きをもっている。

フィードバックの種類 II

　「こたつ」のサーモスタットは，こたつのなかの空気の温度を感知したが，人間は，いうまでもなく，さまざまな対象を

認識することができる。人間にとって認識の対象となるのは、環境ばかりでなく、自分自身も含まれる。自分自身を意識することができるところに、人間の大きな特色がある。そのため、人間の場合には、「環境を認識するようなフィードバック」が働くだけでなく、「自己を認識するようなフィードバック」も働いている。ドライバーが道路を走り続けるうちに「この道路は走りづらい道だ」と思えば、環境を認識したことになるが、「自分はどうも車の運転が苦手だ」と思えば、自己を認識したことになる。

そして、同じ道を走るにしても、自己イメージの抱き方によって、車の運転のしかたも変わってくる。「車の運転が下手だ」という自己イメージを抱いている人は、安全な道路でも、慎重な運転をするだろうし、逆に「車の運転は得意だ」という自己イメージを抱いている人は、少々危険な道路でも、大胆な運転をするだろう。自分がどのような行為をするかは、その人が抱いている自己イメージに左右される。そして、自己イメージは、自分が行っている行為に左右される。「車の運転が下手だ」という自己イメージを抱いている人も、しだいに車の運転に慣れてくるうちに、自己イメージも変わってくる。

このように人間は、環境に対する認識にもとづいて行為するだけでなく、自分自身に対する認識にもとづいて行為している。そして、環境に対する認識であろうと、自分自身に対する認識であろうと、その認識と行為の間には、フィードバックと呼ばれる循環が働いているのである。

状況というのは、「いま、ここ」における環境と自分とのかかわりとして成立するので、状況に対する認識には、環境に対する認識（環境イメージ）と自分自身に対する認識（自己イメージ）と

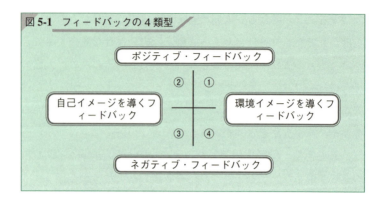

図 5-1 フィードバックの 4 類型

いう 2 つの側面が含まれる。それゆえ，状況認識にもとづいて行為し，その行為をつうじて生まれた状況を認識するというフィードバックは，認識のあり方に応じて，2 つのフィードバックすなわち「環境イメージを導くフィードバック」と「自己イメージを導くフィードバック」に分けられるのである（➡図 5-1）。

自己イメージを導くポジティブ・フィードバック

社会的世界は，さまざまなフィードバックをつうじて成り立っているが，予言の自己成就の過程でも，こうした認識と行為のフィードバックが働いている。

受験生は，「試験に落ちるのではないか」という誤った認識を抱いたために，試験に失敗したが，それによっていっそう不安に陥り，ますます試験に失敗するようになる。また人びとは，「銀行が倒産するかもしれない」という誤った噂を信じたために，銀行から預金を引き出したが，それによって銀行の倒産の可能性が高まる。そうなると，人びとはますます銀行から預金を引き出すので，銀行の倒産の可能性がいっそう高まる。どちらの場合にも，

一定の予言（状況に対する認識）にもとづいて行われた行為の結果は，予言の信憑性を高め，それによって予言にもとづいた行為をいっそう促している。行為の結果がふたたび原因となって，結果を拡大再生産しているのである。

　そして，予言の自己成就を支えているのは，自己イメージを導くようなポジティブ・フィードバックである。受験生にとって「自分は試験に落ちるかもしれない」という予言は，自分の個人的な状況に対する認識であるとともに，自己イメージにもなっている。「自分は試験に落ちるかもしれない」という自己イメージは，試験に落ちるという結果をどんどん増幅させるので，自己イメージと試験に落ちるという結果の間には，ポジティブ・フィードバックが働いている。

　これと同様なことは，「銀行の倒産」に関してもいえる。自己イメージを形成しているのは，なにも個人だけではない。組織や社会もまたそうなのである。ちょうど，個人が自分のまなざしと他人のまなざしをつうじて自己イメージを確立するように，組織や社会も，内部のまなざしと外部のまなざしをつうじて自己イメージを確立している。

　銀行のような組織は，とりわけ社会的な信用が必要であり，銀行の経営は，「○○銀行は信用できる」という自己イメージを維持することによって成り立っている。こうした自己イメージが維持されているかぎり，人びとはお金を安心して預けられるし，銀行は，そのお金をもとにして事業を行うことができる。そして事業に成功すれば，「○○銀行は信用できる」というイメージはいっそう確かなものとなる。

　ところが，このような循環が「悪循環」に変わると，銀行の経

1973年，愛知県豊川市では「豊川信用金庫が危ない」という誤った噂が広まったために，大勢の人が「小坂井支店」に殺到し，預金を引き出した。

営は一気に悪化してしまう。ナショナル銀行で起こったのも，この現象なのである。ひとたび「〇〇銀行はあぶない」というイメージが付与されると，このイメージは，銀行から預金を引き出す行為を促すように作用する。人びとが銀行から預金を引き出せば，銀行が倒産する可能性が高まるために，このイメージが強化される。こうして銀行の自己イメージと預金を引き出す行為とのフィードバックをつうじて，銀行は倒産するのである。

意図せざる結果　予言の自己成就は，このように結果をどんどん増幅させるようなポジティブ・フィードバックの過程をなしているが，そのさい人びとは，予言された結果を実現させようと思って実現させたのではない。受験生は，不合格になるために試験に落ちたのではないし，また人びと

は、銀行を倒産させるために銀行から預金を引き出したのでもない。それどころか、受験生は試験に受かることをのぞんでいたし、銀行に預金した人びとも、銀行が倒産しないことをのぞんでいた。ところが、受験生や預金者は、予言を信じて行動したばかりに、そのような事態を惹き起こしてしまったのである。

　受験生にとって試験に落ちることは、あくまでも「意図せざる結果」であり、同様に、人びとが銀行を倒産に追い込んだのも「意図せざる結果」である。先に人間は、自分をとりまく状況を認識しながら行為していると述べたが、人間は、自分の行為の結果をすべて見通せるわけではない。全知全能の神に比べれば、人間は「無知」な存在であり、人間の認識能力には限界がある。とくに社会的行為を行う過程では、自分の行為は他人の行為との複雑な関連のもとにおかれているので、行為の結果を完全に見通すことは不可能である。そのために、意図的に行った行為が意図せざる結果を招くことになる。

虚偽の真実への移行

　これまで予言の自己成就という現象が、なぜ社会的世界のなかで起こるのかを考えてきた。社会的世界は、認識と行為という人間の営みをつうじて形成されており、認識と行為の間には、フィードバックと呼ばれる循環が働いている。人間の認識能力には限界があるために、しばしば行為の結果は、自分の意図に反しうる。

　意図せざる結果をともないながら、自己イメージを導くようなポジティブ・フィードバックが作用すると、予言の自己成就が起こる。そのとき、予言は誤っていたにもかかわらず、最終的には、その予言どおりの事態が生ずるのである。社会的現実の形成は、

つねに人間の認識活動に媒介されているために、予言として立てられた認識は、人びとの行為に影響を与えることによって社会的現実を変えてしまう可能性をはらんでいる。そのために、社会的世界においては、虚偽と真実の関係はきわめて流動的になるのである。

予言の自己成就は、このように①ポジティブ・フィードバック、②意図せざる結果、③虚偽の真実への移行という3つの特徴をもっている。マートンが「予言の自己成就」と呼んだ現象は、これらの3つの側面が組み合わさって起こった現象なのである。

予言の自己成就と自己破壊

一方、予言の自己破壊の場合にも、それに類することがみられる。穴場情報を知らない段階でも、人びとは、どこの店がどの程度混むかということに対して一定の認識を抱いているが、穴場情報は、そうした人びとの認識を変化させる。多くの人びとは穴場の店に押しかけるが、そうなると、穴場の店は、穴場でなくなってしまう。ここでも予言が、予言にもとづいた行為を媒介にして、予言の対象となっている状況そのものを変化させている。こうした認識と行為のフィードバックをつうじて、正しかった予言が破壊されてしまうのである。

しかも、ここでも当事者にとって意図せざる結果が生じている。多くの人びとが「穴場」と思って押しかけた店が穴場でなくなってしまったのは、人びとが他者の行動を十分に予測できないままふるまったからである。ここでも意図せざる結果は、一定の無知に由来している。

さらに、予言の自己成就においては、誤った予言が実現される

のに対して，予言の自己破壊においては，正しかった予言が破壊されるとはいえ，真実と虚偽が流動的であるという点では，2つの現象は紙一重の関係にある。予言の自己成就と自己破壊は，正反対の効果を及ぼすとはいえ，共通なメカニズムに従っているのである。

サマリー&文献

　トマスやマートンが注目した現象は，一見奇妙にみえるが，その発生のしくみを考えてみると，社会的世界の成り立ちと深くかかわっていることがわかる。予言の自己成就を特徴づけていた3つの事柄すなわちポジティブ・フィードバック，意図せざる結果，虚偽の真実への移行は，いずれも社会的世界を理解するうえで重要な問題である。

　昨今，「マルチ・メディア」と呼ばれる新しいメディアの登場によって，私たちが知覚しうる世界は，自分の直接的な体験を大幅に越えている。新しいメディアをつうじて，「バーチャル・リアリティ（仮想現実）」と呼ばれる新しいリアリティを体験することが可能になっているが，そこでは，もはや真実と虚偽は，限りなく近づいている。私たちは，そうした時代に生きようとしているのである。

　予言の自己成就に興味のある人は，まず①を読むのがよいだろう。①は社会学の古典的な論文といえる。②は，予言の自己成就に関するさまざまな現象がとりあげられていて示唆に富んでいる。フィードバックについて勉強したい人には，③に収められているM. マルヤマの論文をすすめよう。この論文のなかでマルヤマは，ポジティブ・フィードバックの重要性を指摘している。また「悪循環」をテーマにした④は，フィードバックや意図せざる結果の

問題を扱っている。社会的世界における虚偽と真実の関係については，⑤が参考になる。冒頭で紹介した「ホテルの記念祝典」の話もこの本にのっている。

① マートン，R. K.［1961］,『社会理論と社会構造』森東吾ほか訳，みすず書房
② 徳岡秀雄［1987］,『社会病理の分析視角』東京大学出版会
③ 北川敏男・伊藤重行編［1987］,『システム思考の源流と発展』九州大学出版会
④ 長谷正人［1991］,『悪循環の現象学』ハーベスト社
⑤ ブーアスティン，D. J.［1964］,『幻影の時代』星野郁美・後藤和彦訳，東京創元社

―――――――正村俊之 ◆

第6章 社会構築主義

社会的事実の客観性を問う

　かつて，日本人は，狐や狸が人間の姿に化けたり，人間をだますことがあるとしばしば考えていた。いま，私たちは，そうしたことは信じない。では，はたして，いま人びとに信じられていることは，本当に真実だと断言してよいのだろうか。人に化ける，かつての狐と同じではないと確信をもっていえるだろうか。

当たり前の「事実」を疑ってみる

あなたは、いつ生まれましたか？ どこに住んでいますか？ あなたの性別は？ こういう質問をされたとき、ほとんどの人は即座に答えることができるだろう。私が生まれた年、住んでいる場所などは、客観的な事実だと思われている。住民票、戸籍、運転免許証などを示して、それが真実であることを証明することもできる。見方によって答えが変わるなどということは考えられないようにみえる。

しかし、あなたの住んでいる場所、その住所表記は、市町村、都道府県などで決められたものである。法律が変われば、住んでいる場所も変わる。同じところに住んでいても市町村合併で住所が変わる場合もある。生まれた日付も、明治以前の太陰暦を採用すれば違ってくるだろう。さらに、あなたがその日、その年に生まれたということは、親の届け出に依存している。早生まれにしたくない、うるう年の2月29日生まれは可哀想などの理由で、異なる日に届けられ、それが生まれた日になったということもあるかもしれない。

私たちが、揺るがない事実、真実と思っていることの多くは、実は、社会的な取り決め、制度、人間関係などのなかでつくられているのである。このようにいうと、それは、たんに、事実をどう呼ぶかという社会的な取り決めにすぎないのではないかという反論があるかもしれない。しかし、この、社会がどう呼ぶかを決めるということが、実は重要なのである。

言葉と事実

言語は、すでに存在しているものに、一対一対応で名前をつけたものだという考

え方がある。つまり、言葉になっているものは、それに対応する何かがこの世に存在するという考え方である。だが、「私は歯が痛い」とは言えるが、他人がその同じ痛みを感じることはできない。ある人が「私は悲しい」と言ったとき、その人の悲しさが本当か、偽りか、その人の悲しさとはどのようなものか、他人が知ることは難しい。悲しみ、痛みなどはその存在を確かめることが難しいのである。

　また、同じようなものをさしているようでも、社会によって見方やとらえ方が異なることが、しばしばある。日本では犬はワンワンと鳴くが、英語ではbowwowと鳴く。日本では、虹を七色という。しかし、外国にいけば、かならずしも七色というわけではない。ある社会の言葉を、別の社会の言葉では、翻訳できないことも、しばしばある。たとえば、日本の「かわいい」という言葉は、いとしい、大事にする、愛らしいなどさまざまな意味あいをもち、おじさんに対してまで「かわいい」という言葉が使われることがあり、1つの英語に置き換えることはできない。

　言葉の本質は、ほかのものとの区別にある。犬を[i-nu]という発音で呼ぶ必要はないけれど、犬と猫や豚は区別しなければならない。しかし、社会によっては、犬と豚を区別しない（同じ呼び方をする）社会があるかもしれない。そのような社会での犬＝豚は、私たちにとっての犬や豚とはまったく違う存在だろう。

　このように、言葉という名づけは、それが人びとに認識されているか、どのようなものとして認識されているかを示している。さらに、言葉は変化していく。日本では、「はまち」と「ぶり」を別のものとして区別しているが、多くの国では、区別されない。しかし、はまちも、寿司文化が世界的に定着することで、ほかの

国でも，ぶりとは異なる「はまち」という魚として，定着するかもしれない。

あまり一般的とはいえないが，harakiri という英語がある。日本の切腹，腹切りのことであるが，このように日本語をそのまま使うことによって，英語圏でも，キリスト教のもとでは罪悪と考えられている自殺とは別のものとして，みずから責任をとる武士の究極の形式である切腹が，伝えられる。このように，言葉は，ものの見方，考え方をつくりだし，伝えていく。また，こうした言葉のつくりだす意味は，言葉の使われ方によっても大きく左右される。どのような場面で harakiri という言葉を使うかで，harakiri のもつ意味が変わっていく可能性がある。

言葉は，社会とともにあり，どのような「事実」があるかは，それをどのような言葉で語るかによって大きく変わる。もちろん，これは事実が勝手につくられていくということではない。私たちが使っている言葉は，言葉の使用の長い歴史を背負っているのであり，ある言葉やその使われ方が，広まり，定着するには，多くの人びとの支持と時間を必要とする。しかし，言葉やそれが人びとに表現してみせる「事実」は，社会によって異なるし，歴史によっても変わりうるのである。

科学の構築　　しかし，人びとが，いくら「はまち」と「ぶり」を違う魚とみなしても，本当は同じ魚である，という主張はありうる。なぜなら，生物学的に同じ魚として分類されているからである。「はまち」と「ぶり」は日常生活では違う魚だが，科学という世界では，同じ魚なのである。

私たちは，しばしば科学的であることを根拠にして，異なる見方をする人を説得しようとする。科学は，真理を究明するはずであり，私たちは，科学の言葉を真実だと考えている。しかし，実は科学も，言葉や社会と切り離されて存在するわけではない。

　2006年，太陽の周りを回る惑星の数が，科学者の議論によって改正された。国際天文学連合は，惑星の数を当初，従来の9個から12個に増やすことを提案し，今度はその提案に反対が多いというので，8個に減らすことを提案し，決議された。これは，客観的な事実によって決まったのではなく，最終的に，総会に出席した天文学者の多数決によって決定された。新しく，太陽の周囲にある物体が発見されたわけではなくとも，発見されている物体のなかから，何を惑星とするべきか，いくつかの定義のうち，どれを採用するかによって，惑星の数は変わるのである。そして，どれを採用するかは多数決で決まる。

　このように，科学的な真実は，さまざまな相互作用と議論によって，科学者の共同体のなかで，つくりあげられている。B.ラトゥールは，こうして発見される科学的事実が，科学者だけの作業ではなく，学問的組織，学術雑誌，機器や道具，一般の人びとなどの相互的な関係によって生みだされていくことを述べている（ラトゥール『科学が作られているとき』産業図書）。科学的事実も実験のための資金調達などを介して，政府や企業，世論をも巻き込んだ，相互作用の過程をつうじて生みだされている。

　科学は，学会などの科学者共同体で決められた手続きに従って発見・確認されたものを事実としている。しかしこうした事実は，実際には，科学者などの活動をつうじて主張され，承認されていくことで事実となっていく。なかには，不正な活動による主張も

ある。2004〜05年，ヒト・クローン胚由来のES細胞をつくることに成功したという論文が，世界的に権威のある科学誌に掲載され，報道された。その後，論文に掲載された細胞の写真の多くが，同じ写真をコピーして拡大するなどの操作を行ったものであることが指摘され，2006年，この論文が捏造であり，ES細胞はつくられていなかったことが明らかになった。しかし，その間，この細胞により，脊髄損傷をはじめとする不治の障害や病気が治るとされ，自分の細胞を実験用に提供することを申し出た患者もいた。この論文と同様の手法で追試をした研究者たちは誰も成功しなかったにもかかわらず，世界的に権威のある雑誌に掲載されたこと，世界的なクローン研究の権威が支持したことなどによって，それは，一時の間，「事実」として構築されたのである。

　この事件は，以下の3つのことを考えさせてくれる。第1に，科学の事実は，仮の事実であることである。たとえデータの捏造がなくても，科学は，実験や仮説の誤りが発見されるなど，つねに反論され，新たな事実が見いだされる可能性がある。このような，新たな事実の発見に身をさらしているからこそ，科学は，真の事実やその因果関係の究明の方法でありうるのである。第2に，メディアや評論家などの解釈者が，一般の人びとにわかりやすくするなどの目的で，科学を不正確に引用し，科学者の世界での認識とは異なるものを一般に流布させる可能性がある。第3に，さらに日常生活のなかで，誤解や歪曲された形で，「科学的事実」が用いられる可能性がある。

　科学者共同体は，一定の発見，証明手続きを定め，事実を発見し，吟味し，共有するという作業を行っている。さらに，こうして生みだされた科学的事実は，それを仲介者や専門外の人びとが

解釈し、流布させていくことで、社会的事実としてつくられる、すなわち、事実が構築されるのである。

これらの、事実を構築する過程のほとんどは、言葉を介して行われている。私たちが、ある時期まで信じられていた天動説を間違っているとし、地動説を事実と認めているのは、教育とメディアによる、言葉を介した社会的説得があるからである。そうでなければ、自分が立っている足元が動いており、平たく見える地面が球体の一部であるなどと、実感として信ずるのは難しいだろう。

あらゆる社会的常識は、それが社会的に共有される過程で、言葉をつうじて構築され（つくられ）ている。倫理、価値観、イデオロギーなども、社会的に構築されている。そうであるならば、私たちは、それらがどのように社会的に構築されているかということに注目する視点があってもよいのではないか。私たちが常識だと思っていることが、どのように社会的につくりだされ、共有され、維持されているのかという視点である。そして、そうした事実や常識の構築の過程を吟味することで、私たちがそれらを本当に正しい、あるいは適切なものとしてよいのかということも、吟味されていくのではないか。

社会構築主義　このように、私たちが一般に、事実、真実、誰もが共有している（あるいはすべき）常識だと思っていることであっても、それがどのような社会的制度や言葉、人びとの行為と関連し、つくられてきたことなのかを考察する、このような学問的態度は、社会構築主義 social constructionism、構築主義、あるいは社会構成主義と呼ばれている。ここでは、社会構築主義、あるいは省略して構築主義と呼ぶこと

第6章　社会構築主義　87

にしよう。

V. バーは,以下の諸仮定のうちの1つ,あるいはそれ以上をもつアプローチを社会構築主義としている（バー[1997], 3-7頁）。

(1) 自明の知識への批判的スタンス
(2) 歴史的および文化的な特殊性
(3) 知識は社会過程によって支えられている
(4) 知識と社会的行為は相ともなう

定義としてはやや広すぎるが,社会構築主義の特徴をとらえている。社会構築主義は,明らかだと思われていた知識を問い,言語および相互作用の過程に注目し,その歴史的文化的限定に配慮するのである。

このようなアプローチは,P. L. バーガーとT. ルックマン,エスノメソドロジーやシンボリック・インタラクショニズム,M. フーコーなどの社会学的研究と通じあう。バーガーとルックマンは,A. シュッツの現象学的な見方を引きつぎながら,知識の社会的な構成について述べている。エスノメソドロジーやシンボリック・インタラクショニズムは,日常の相互作用によって意味がつくりあげられ維持されていく過程を研究しており,しばしば構築主義に与えた影響が指摘されている。フーコーは,知識を表現している言葉や制度の変化を研究することによって,ある時代に流布しているある常識的な見方が,いつ,どのように登場して広まったのか,どのような自己や身体のあり方と関係しているのか,などを探究し,重要な構築主義の研究者と考えられている。

構築主義の視点によってみえるもの

構築主義の具体的貢献は、その対象分野によって異なる。社会心理学や臨床心理学、メディア研究や歴史学、哲学思想など、幅広い分野で構築主義の立場をとる研究者がいる。一部のジェンダー論やゲイ・レズビアン研究、クィア理論では、構築主義は性別やセクシュアリティという常識を、歴史的、理論的に問うという形で発展した。社会構築主義は、20世紀末に登場した学際的なパラダイムということができるだろう。

構築主義は、大きくまとめると、2つの点で新しい視点を提供したということができるだろう。1つは、ある知識が真実であるかどうかということとは別に、いま常識とされていたり、信じられている知識が、その集団や共同体のなかで、ある時期、人びとの活動や相互作用をつうじて、どのように共有されていき、事実として構築されていったかという過程の分析を行ったことである。この点については、あとで社会問題の構築の項で、くわしく述べよう。

もう1つは、私たちをより反省的で慎重な視点に導いたということである。私たちが事実や常識だと思っているものが、社会的な相互作用によってつくられており、条件が変われば、別のものが事実や常識である可能性があったのではないかという視点である。そうであるならば、私たちは、こうした事実や常識を他者に押しつけることには、より慎重でなければならないのではないか。

なぜなら、正しくはないかもしれないことを、多くの人が信じているから、あるいは特定の集団の人びとのなかで常識だから、という理由で押しつけられ、それによって、人生のなかで大きな不利益をこうむり、生き方を左右されてしまう人びとが出てくる

第6章 社会構築主義

危険があるからである。このようなことを防ぐには、常識や社会的な事実の構築を鵜呑みにしないこと、ある事実や常識がどのようにして構築されたのかを吟味することが必要である。とくに、いま構築されている常識や事実によって苦しんでいる人びとがいた場合、このことは重要である。

　同性愛とジェンダーという2つの例でみてみよう。同性愛は、キリスト教では否定され、近代欧米社会では精神的な病気とされて治療の対象となったり、犯罪とされて法的に禁止されることがあった。その時代のその社会では、それが「事実」とされていたのである。しかし、現代の欧米社会も含めて、異なる時代の異なる社会、たとえば古代ギリシャや近代以前の日本では、同性愛は病気でも犯罪でもなく、普通の社会的行動として理解されていた。同性愛が病気や犯罪とされた時代や社会では、そのことによって多くの人びとが、患者として苦しんだり、犯罪者の汚名を着せられる恐怖を抱えた。構築主義の視点をとる同性愛の研究は、同性愛に関する不当な事実の構築を、歴史的に明らかにすることによって、人びとの安易な「事実」への信頼がもたらす不幸を浮き彫りにしている。また、「正常」とみなされない性行為やセクシュアリティ、ジェンダーについて、どのように、それが「異常」「変態」などとして構築されたかという視点をもつクィア理論という研究分野も登場している。

　ジェンダーをめぐる議論では、本質主義に対するものとしての構築主義という立場が主張されている。男女という二元性を人間にとって本質的な区別とし、典型的には身体的差異と結びつける本質主義に対して、構築主義は、身体的な性別さえも社会的につくられていると主張する。実のところ、性別による身体的な違い

の多くは，平均値の違いであり，身長や腕力の違いも，特定の個人をとれば，かならずしもあてはまらない。背が高い女性も低い男性もいるのに，男性のほうが女性より背が高いことを当たり前とするのはどうだろうか。

　本質主義では，性器の形状の違いに根拠を求める人が多い。しかし，性器上での男女が遺伝子上の男女の区別と異なる例や，両性具有などもあり，これもすべての人を明確に2つに分けることはできない。性器上の区別と，自分が自分を女／男と思うかという性的アイデンティティとが不一致である例は，性同一性障害として知られている。

　さらに，性器による区別をどこまで重視し，社会的な区分けとするのか，という問題がある。たとえば，性器による区別を重視して，男用の大きな茶碗，女用の小さな茶碗と分けてご飯をよそうより，個人の体の大きさや食欲によって，茶碗の大きさを変えたほうが，合理的かもしれない。性器の形状と特定の色を結びつけ，女の赤ちゃんにピンクの産着，男の赤ちゃんに青の産着を着せるなど，何を性器の形状の違いと結びつけて分けるかは，社会的に構築された身体に対する見方による。

　構築主義は，このような社会的構築のすべてが悪いといっているわけではない。しかし，同性愛の歴史的事例にみるように，社会的構築には，偏見が含まれていたり，特定の人びとが貶められ，苦しむ結果につながるものがあるのである。

　不妊や更年期障害といった身体的「事実」も，歴史的な見方の変化によって，苦しみから解放されたという人は多い。かつて不妊は一方的に女性の側に原因を押しつけられ，子どもを産まない女性は，家制度のもとで離婚させられてもしかたないとみなされ

ていた。しかし，男性の側の問題も含めて不妊にはさまざまな原因がありうること，結婚の目的は子どもを産むことだけではないことといった見方の変化により，子どもを産みたくても産めない女性に対する社会的な扱いが変わっていった。更年期障害も，たんなる女性のヒステリーや女性でなくなるためといった見方ではなく，男性にも存在しうる，加齢にともなうホルモン分泌の低下が引き起こす体のアンバランスの症状であり，個人差があること，周囲の理解が必要であることが主張されるようになってきている。そのときの社会においては，純粋に科学的な見方と思われているものでも，社会的な価値観や偏見が含まれていることは多い。

　そこで，構築主義は，科学的，身体的事実も含めて，すべての事実や常識が，言葉やコミュニケーションなどによって社会的に構築され，共有されていく過程をみようとする。そして，そうした構築が，特定の人びとに不当な価値評価を行うなどの問題を含んでいた場合には，変えうる可能性があることを示唆しているのである。

　このように，構築主義は，私たちが当たり前だと思っていることを否定しているわけではなく，より反省的であることを促す点が特徴である。そうした反省があることで，人びとが否定されたり，不利益を被ることに対して，より配慮がある社会をめざしているといえるだろう。

社会問題の構築　　社会的に構築されるということは，先に述べたように，だれが，どのようにして構築していくのかという問題に焦点をあてることでもある。とくにこうした側面からの分析として，社会学のなかで提案され，展

開していったのが、社会問題の構築主義である。社会学では、社会構築主義というと、社会問題の構築主義を思い浮かべる人も多い。

いままでの社会科学では、おもに、社会に何らかの問題があると指摘し、その問題の原因や解決方法を考えることで、社会問題を検討してきた。何が社会問題かということは、常識であったり、分析する研究者があらかじめ決めていて、社会問題があるとはどういうことかについては、あまり考えられてこなかった。

これに対して、社会問題の構築主義は、あらかじめ社会問題があると考えるのではなく、何が社会問題なのか、どのようにして、ある状態が社会問題と呼ばれるようになっていくのかという、社会問題を人びとが構築する過程を分析する。J. I. キッセとM. B. スペクターは、「社会問題は、なんらかの想定された状態について苦情を述べ、クレイムを申し立てる個人やグループの活動である」と述べている（キッセ＆スペクター［1990］、119頁）。ある状態を、社会問題だと主張するクレイム、苦情の申し立てがあり、それに対するさまざまな社会的反応があることによって、社会問題が構築されるのである。

たとえば、1990年代、性描写を中心とするマンガを規制するよう要求する住民運動が起こり、「有害マンガ」という問題として、新聞などのメディア、各自治体の議会や国会でとりあげられた。こうしたマンガは、それが過激な性表現によって青少年に悪影響を及ぼすという手紙が新聞に紹介されたり、それをきっかけに住民運動が起こるなどのクレイム申し立て活動によって、「有害」と社会的に認識され、マンガが自治体による有害図書指定に含まれることとなった。性描写を中心とするマンガは以前からあったが、

そうしたマンガを社会問題として訴えた行動によって,「有害マンガ」という社会問題となったのである。

もちろん,これに対して,マンガの存在は社会問題ではないという主張もある。性的な表現は自然なものであり,禁止するのは難しいという考え方もありうるだろうし,社会問題として規制するほどのことではないという見方,あるいは規制は表現の自由を侵害することにつながるという見方もある。とりわけ,条例の制定や警察の介入による法的規制に対しては,表現の自由の侵害として批判する運動も生まれた。こうした活動は,「有害マンガ」というクレイム申し立ての活動に対抗する対抗クレイムである。こうした対抗クレイムに対するさらなる反論や論争の発展もあった(中河［1999］)。これらの活動の全体が,社会問題が構築され,変容し,消滅していく過程である。

社会問題の構築主義は,社会問題が構築され,変容し,消滅していく過程を,それが起こった時間順にくわしく記述していったり,あることを社会問題だとするクレイムやそれに対する対抗クレイムをくわしくみていくことによって,あることがらが社会問題となる過程を分析する。

構築主義は解決に貢献するか

構築主義は,たんに社会問題という事実が構築される過程の分析だけでなく,それが,解決や対策に向かう分析をも含みうる。ここでは,いじめを構築主義の視点から分析して考えてみよう。

2005年9月,北海道で小学生の女の子が自殺を図り,その原因としていじめをあげた遺書を残していたことを,遺族が学校に

告げた。学校や市教育委員会は，いじめが原因の自殺とは認めず，遺族は，翌年10月に少女が亡くなった後，新聞に遺書を公表して訴え，それが多くの新聞やテレビでとりあげられる事件となった。同月，福岡や岐阜の中学生もいじめで自殺したことが，新聞・テレビ等でとりあげられ，いじめによる自殺が問題化した。翌月には，いじめを原因とする自殺予告文が文部科学省に届けられたことが公表され，テレビでも多くの番組でいじめによる自殺防止・いじめ防止について議論がなされた。

文部科学省の統計では，1999年から2005年まで，いじめによる自殺は存在しないとされていた。しかし，いじめがあらためて問題となったことによって，この統計が，新聞などでの過去の報道と異なっていること，そもそも学校や教育委員会が，数値による目標達成の評価を気にして，文部科学省などにいじめを報告しない傾向があることが指摘された。結局，文部科学省は，自殺原因データの修正を行うことになった。

この事件では，当初いじめを原因とした自殺はほとんどないとされていたのが，遺族からの訴えをきっかけとして，いじめによる自殺は，存在していたのに，事実として認められていなかったということが明らかになっていった。また，いじめの件数が減少しているという統計も，学校や教育委員会がいじめを半減するなどの数値目標の達成を気にして，いじめを報告しない，いじめの基準が統一されていないなど，さまざまな問題が指摘され，疑問視されることとなった。また，いじめはたいしたことがない，いじめられる側にも責任があるといった考え方よりも，自殺という深刻な犠牲が認識されることによって，いじめを深刻な問題と受けとめ，教師や学校が即座に対処すべきという主張が多くみられ

るようになった。

　遺族が訴え，マスコミに注目されることで，1999年以降いじめを原因とする自殺がない，いじめは減少しているといった「事実」に疑いの目が向けられ，いじめを原因とする自殺がいまでも存在し，深刻ないじめに苦しんでいる子どもが少なくないという，新たな社会的事実が構築されていった。そして，いじめは子どもを自殺にまで追い込む深刻な問題として，いまも多く存在していると認識されるようになったのである。

　このように，いじめに対する社会的事実が再構築されることによって，いじめが社会問題として人びとに認知され，新たな対策が検討されるようになった。

　社会問題は，多くの場合，そのときはじめて起こったことがらではない。むしろ以前からあったことが，メディアなどをつうじて注目を集め，社会問題化することが多い。そして，そうした社会問題化の相互作用の過程で，さまざまな解決策や対策が提案され，実施されることもある。構築主義に厳格な立場をとる論者は，こうした解決や対策の評価は行わないとしているが，事実の構築の次元から社会問題を考えるという構築主義の視点を利用しつつ，解決や対策を模索・検討する立場もありうるだろう。

構築主義への批判をめぐって

　社会構築主義は，すべての言説がつくられたものであるという，シニカルな相対主義を生むのではないかという批判もある。また，もう少し原理的な批判としては，すべての言説がつくられたものであるなら，構築主義自体もまたつくられた言説で，正しいとは主張できないのではないかという批判もある。

しかし，つくられたからといって，それが悪いもの，あるいは虚偽ということではない。社会構築主義は，事実や真実が，事実や真実ではないと主張しているのではなく，それが事実や真実となっていく過程を吟味することを主張しているのである。そのことによって，そこに潜む偏見や新たな事実が発見される可能性を開いているが，それはいまあるすべての事実や真実を否定するものではない。構築主義は，社会が「事実」を発見していくメカニズムを明らかにし，社会が事実を決定的なものとせず，つねに新たな「事実」を発見する可能性にオープンであることを主張するのである。

サマリー＆文献

　この章では，私たちが常識だと思っていること，事実だと思っていることが，実は社会的相互作用をつうじて時間をかけてつくられてきたものであるという見方を紹介し，そうした見方の根拠と意義を示した。学際的な社会構築主義については①と②がわかりやすく，よく紹介している。②の著者K. J. ガーゲンは，心理学や社会学の構築主義に大きな影響を与えた。社会問題の構築主義については，キッセとスペクターが，③で，従来の社会問題の理論との違いや具体的分析をくわしく書いている。④は社会問題の構築主義を日本の事例に応用しており，具体的分析例としてわかりやすい。ジェンダーやセクシュアリティの構築主義については，アエラムックの紹介⑤を入り口として利用するのもよい。より深く知りたい人には，ジェンダーやセクシュアリティを中心にいくつかの分野での構築主義を紹介している⑥が参考になるだろう。⑦は，応用的なものだが，構築主義の視点からの差別論や，アイデンティティ論，構築主義的ジェンダー論について論じてい

る。本文ではふれなかったが，ナラティブ・セラピー，物語的自己など，構築主義の立場からのアイデンティティに関する研究も多い。関心のある人は，⑥，⑦の関連する章や⑧を手がかりにしてほしい。

① バー，V.［1997］，『社会的構築主義への招待』田中一彦訳，川島書店
② ガーゲン，K. J.［2004］，『あなたへの社会構成主義』東村知子訳，ナカニシヤ出版
③ キッセ，J. I. & スペクター，M. B.［1990］，『社会問題の構築』村上直之ほか訳，マルジュ社
④ 中河伸俊［1999］，『社会問題の社会学』世界思想社
⑤ アエラ編集部編［2002］，『ジェンダーがわかる。』アエラムック
⑥ 上野千鶴子編［2001］，『構築主義とは何か』勁草書房
⑦ 坂本佳鶴惠［2005］，『アイデンティティの権力』新曜社
⑧ 浅野智彦［2001］，『自己への物語論的接近』勁草書房

坂本佳鶴惠◆

第 II 部　秩序の解読

第Ⅱ部は，行為が集まり，意味が作用した結果として成立する秩序のさまざまな側面に焦点をあてて，秩序が生みだされる姿を明らかにする。

　第7章は，もっとも明瞭な秩序であるジェンダーをとりあげ，第8章は，秩序のかなめをなす規範について考える。第9章，第10章，第11章に共通する鍵概念は社会構造であり，第9章では，自己準拠との関係で，社会構造をとりあげ，第10章では，社会構造のあり方によって，権力の様相が異なることを明らかにする。第11章では，社会構造の1つとしての社会階層に焦点をあて，不平等から正義へと至る道を模索する。ジェンダーも，規範も，権力も，社会構造もすべて，これまで社会学の根幹をなす概念であった。この本では，これまでのオーソドックスな考え方をふまえて，近年の新しい動向にも言及している。

　現象の背後にある秩序を明るみに出すという社会学の課題にとって，第Ⅱ部でとりあげるキータームは有効な武器になるはずだ。

第7章 ジェンダー

女であること／男であること

　これは18世紀末イギリスで描かれた典型的な家族肖像画，ベイリー家の人びとの絵である。この肖像画は，私たちになじみのある構図でできあがっている。これは，その後の家族でとる記念写真に非常によく似ているのだ。

　この絵は，母親とそのそばにいる子どもを中心にできあがっている。幼い子どもを抱く母親の構図は，聖母マリアにはじまって頻繁にくりかえされている。もし，この母親と父親を入れ替えたら，この絵は，非常に奇妙なものに感じられるだろう。もしこの絵が，子どもを抱く父親と，家族を見守るように背後に立つ母親でできあがっていたとしたら……。しかし，いったい，私たちはどうしてそう感ずるのだろう。

> もし，男女の役割が逆転したら……

「今年は西暦 2198 年，22 世紀もあとわずか 3 年だった。だが，まだまだ世の中の大勢はかわらない。社会のあらゆる実権は女が握っている。男は結婚して家庭に入り，家族に尽くすのが義務とされる。25 歳をすぎても結婚しない者は，ハズレ者といわれて世間からつまはじきされ，まともな職にはつけず，水商売などに従事して生きるしかない」（村田基『フェミニズムの帝国』早川書房，9 頁）。

22 世紀，あらゆる経済的制度の実権は女性が握っていた。この社会では，男性保護という名目で男性が危険な医療的職業などにつくことを禁止していたほか，小さい頃から女の子はスポーツをして体を鍛え，男の子は体を動かさずおとなしくじっとしていることが「男らしい」として奨励されていた。男は結婚して家庭に入り妻子，親の世話をすることがあるべき姿と考えられていた。主人公の男性，いさぎはこのような男性差別的社会に漠然とした疑問を感じ，結婚の決断をしかねていた。そして，レイプされそうになったことをきっかけとして，危険思想とみなされている男性解放運動にかかわっていくことになる。

「昼休み近くになって，いさぎは課長に呼ばれた。『木下君はいくつだったかしら』『24 歳です』さらにつけ加えた。『先月なったばかりです』若い男性の年齢はきわめて重要だ。……『結婚の予定はあるの？』『いいえ』『まるっきり？』『ええ』『そう』と課長はわざとしかつめらしく顔をしかめた。……『男として生まれたからには，やはり英雄になりたいでしょう。だったら，結婚は早ければ早いほどいいのよ』『はい』『経理には独身が 3 人いるんだけど，天野さんは，この前婚約したから，あとは畑

さんと角田さんだけね。気に入った人がいたら、わたしにいいにいらっしゃい。うちの課でなくてもいいのよ。誰でもわたしから話をしてあげるから』いさぎは赤面してうつむいた。課長の机の横で話をしていて、みんなにも聞こえているのだ。課長の話はそれだけだった。仕事のことなどどうでもいいようだ。どうせすぐに結婚で退職すると見なしているのだろう。それならそれで適当にやろうといさぎは思った」(同, 39-40頁)。

適齢期のいさぎは、友人の結婚式に出席して考える。

「妻は夫のことを、ただ働きの家政夫のように考えている。けんかをすると二言目に出てくるのが、『食わせてやっている』という言葉だ。いかに妻が横暴であっても、夫が妻に反抗的な態度をとるのは男らしくないとされる。夫婦は妻の親と同居するのが普通で、夫は舅とうまく折り合っていかねばならない。妻の親が老いれば世話をするのはもちろん、しばしば自分の親の世話をすることになった。子どもの教育も大部分夫の責任だった。なにしろ父性愛は一家を包み込む大きなものなのだ。だが、そうして家族に尽くしても、不思議と報われることがなかった」(同, 87頁)。

村田基の『フェミニズムの帝国』を読んでいると、女性が組織を動かし、男性より強くたくましく、性的にも主導権を握っており、男性は弱く社会的な能力が欠けると考えられ、結婚して家庭に入ることを通常の人生とするというこの社会が、決して馬鹿馬鹿しい空想ではなく、かなり現実性をもって感じられる。結局、私たちの社会で、男女の違いについてよく使われる理屈づけは、男女の立場を逆転させても、まったく同じようにいえるのである。圧倒的多数の働き手が女性であるこの社会のタクシー運転手の言

い分を聞いてみよう。

　「『ああ，やっぱり男だわ』と運転手はいった。『おかしな運転をするなと思うと，たいてい男なのよね』『男は運転がへたですか』『へたというよりも，無意味にスピードを出して，危ない追い越しや割り込みをするの。急用があるってのならしかたがないけどねえ。だいたい道路には車の流れってのがあるじゃない。でも，男ってのは，自分流の走りかたをするの。自己中心的なのね。自分の運転のうまさを見せびらかしたいのかしら。なんにしても，迷惑だわ』『でも，それは男が家庭にいて，社会的な訓練ができていないからじゃないですか』『へえ，お客さんもメンズ・リブみたいなことをいうのね。ま，このごろのはやりだからね。でもね，あたしは男が社会に出るのは反対だね』『どうしてですか』……『男ってのは，ほどほどというのがわからないから，極端に走りやすいの。あるいは，なんでも杓子定規にやったりね。そういうのが入ってくると周りが迷惑するのよね。会議なんかやったら，まとまるものもまとまらなくなるんじゃないかしら。それにね，男ってのは自分で自分はどれほどの人間かっていうのが判断できないから，同僚の出世をねたんだり，上役が自分のことを評価してくれないと陰で不平をいったりするに決まっているわ。ストレスに弱いっていうから，すぐ酒を飲んで，ぐちをいったり荒れたりするんじゃないかしら』」(同，170–71頁)。

いかにも，男性優位社会の男性ドライバーが言いそうなことを言っているこの女性優位社会の女性タクシー運転手は，組織の大多数が女性で構成されていたなら，もしかするとそれにはずれたやり方は，「男のような社会性のないやり方」として非難される

のではないかという危惧を感じさせてくれる。

　男女の違いの本質と考えられている性的な側面でさえ，まったく逆の説明が可能である。女性優位社会で，若い男性に，女性の趣味にあうよう自分を磨き，早く結婚をするようすすめる保守的な本は，次のように語る。

　「結婚前の若い男性とじっくり話をしてみますと，ためらいがちに性への恐れを口に出されることがよくあります。……性のことをあけっぴろげに語ったり，結婚を前提としないで平気で体を許したりする男性は，少なくともまじめに結婚を考えている女性には，なんの魅力もないものだということを知っておいてください。……結婚は男の幸せといいますが，この幸せのかなりの部分は性の歓びによっているのです。……女性の体ときたら，ふくらんだ乳房，大きな腰，厚い皮下脂肪と，まったく実用本位にできています。それにひきかえ男性の体は美的に統一され，すべて女性に愛されるためにつくられたようなものです。用をなさない乳首があるのも，これが強い性感帯だからです」（同，31-32頁）。

　どちらの性が，性的な愛玩の対象になるか，美的な鑑賞の対象になるかといったことも，体の構造が変わらなくても，どちらが経済的・政治的権力を握っており，どちらが鑑賞したり，かわいがる側に立っているのかによって，まったく逆転しうるものなのである。

ジェンダーとは？

　男女の違いは，生物学的相違にもとづくと考えている人が多い。しかし，一般に男女の違いと考えられていることの多くは，たとえば適齢期や職

場での地位などは，生物学的な違いというより，人びとの意識や社会構造のなかで，女性がどのようなもので男性がどのようなものであるかによって決まっていることが多い。同じ生物学的な違いに対しても，社会的にはさまざまな意味づけをすることが可能である。男性のほうが力があるから，離乳後の育児は男性のほうが向いているともいいうるのである。

　社会学では，社会的につくられた性差をジェンダーと呼び，社会学的研究の対象としている。私たちが今日男女の違いとして指摘する多くのものは，社会が異なれば変わってしまう。たとえば，本来，男性のほうが攻撃的で女性のほうが優しいというが，文化人類学者の調査によれば，女性のほうが本来男性より攻撃的だと思っている社会もある。母親が自分が産んだ子どもの世話をするのが当然だと思っているが，子どもは生まれたら，乳母や乳人を雇って育てさせたほうがよいとする社会もある。こうした女らしさ，男らしさ，女はこうすべき，男はこうすべきという違いは，社会的につくられたジェンダーといえるだろう。私たちは，出産は生物学的に女性だけしかできないと思っているが，実は，夫も妻と一緒につわりや出産の疑似体験をする社会もあった。実際夫が，妻の妊娠とともに体が変化し，つわりに似た症状を示すことも多いのだが，そうした生物学的事実は，逆に現代社会では無視されている。実のところ，何を生物学的事実と考え，何を社会的につくられたジェンダーと考えるかも，つきつめて考えると，社会的につくられているともいえるのである。

　ジェンダーには，大きく分けて，性別認知，らしさの役割，性愛役割，性分業の4つがある。性別認知とは，おもに他者の性別の認知にかかわるものである。自分自身が女であるか男であるか

という認知は，ジェンダー・アイデンティティと呼ばれる。ジェンダー・アイデンティティは，言葉の習得の時期とほぼ同時期に決まり，以後変更は非常に難しいといわれている。たとえば，自分のことを女と思い込んでいる，生物学的定義上男性の，自分に対する認識を改めることは非常に難しいので，むしろ手術による性転換によって生物学的事実のほうを変えることが多い。ジェンダー・アイデンティティに生物学的要因がどの程度かかわり，環境的な要因がどの程度影響しているのかはまだ解明されていない。他者による性別認知は，服装・髪型・名前などの社会的区別が手掛かりとなる。

性役割は，広い意味では，これら4つのすべてをさすが，一般的には，らしさの役割と，性分業をさすことが多い。「女らしい」「男らしい」という言葉は，話し方やしぐさ，歩き方，服装，好きな色や趣味までさまざまなものと結びついて語られる。「女らしい」とされているものは，優しさ，かわいらしさ，従順といったイメージと結びついているものが多く，「男らしい」とされているものは，たくましさ，かっこよさ，リーダーシップといったイメージと結びついていることが多いようだ。

性愛役割は，デートやセックスのとき男女がそれぞれどのようにふるまうべきだと考えられているか，といったセクシュアリティに関する役割である。異性間で恋愛しなければならないというのも，近代の性愛役割上の決まりごとである。

性分業は，性別を用いた経済上・生活上の分業である。男は仕事，女は家事・育児というのも典型的な性分業である。このほか，職場内でも，男は幹部候補で女は秘書などさまざまな性分業がある。

これらの区別は，現象にそくしたものではない。スカートをはくことは，男女を区別する性別認知にも使われるし，女らしさを強調するときにも使われる。また，実際には，これら複数の，男女に関する社会的きまりは，相互に関連しあっているのだ。このうち，もっともよく問題とされるのは，らしさの役割と性分業である。そこで，つぎに，この2つに焦点をあててジェンダーの問題を考えてみよう。

ジェンダーと社会構造

　大学の卒業を控えて就職戦線が始まると，女子学生たちは，男子学生と同じ教育を受けてきたにもかかわらず，企業の対応があまりに違うので愕然とする。まず，企業案内がきたり，企業説明会が始まる時期が男子学生に比べて遅い。ダイレクト・メールの量も圧倒的な差がある。内定も遅い。

　なぜこのような差ができるのだろうか。それは，企業の側が，企業を将来的に支えていく社員は基本的に男性（もちろん男性のなかでも学歴や人柄・能力などでかなりの差がある）だと考えているからである。したがって，男子学生の採用をまず優先するのである。

　なぜ多くの企業が，会社を支える社員としてまず男性を考えるのだろうか。もっともよくあげられている理由は，女性のほうが入社数年で辞める人が多いということである。もちろん，これは企業にとって悪いことばかりでもない。日本のような年功序列の賃金では，若いうちの安い賃金で多く働いて辞めてもらったほうが得ということもある。企業は早く辞めてもらうことで安上がりの労働力を確保してもいるのである。これは男性は仕事をし生活

費を稼がねばならず、女性は家庭で家事・育児を負担せねばならないというもう1つの性分業をめぐる規範と結びついている。男性は生活費を稼ぐように圧力がかかるから仕事を辞めにくく、女性は家庭で仕事をするよう圧力がかかるから仕事を辞めやすい。

このような構造は、一見、合理的にみえるかもしれない。しかし、企業にとっても、社会にとっても、人びとにとっても、失っているものは大きい。適材適所という観点からみたとき、性の区別をしなければ、より個人の能力や特性にみあった働き方ができるだろう。個人にとっても生き方の選択肢がせばめられ、才能や能力のある人が不当に抑圧されたり、逆に自分にあわないことをさせられたりする。個人の職業選択が、ジェンダーという生まれつきの属性によって著しく制限されているのである。

さらに、資本主義社会のもとでの、男性＝仕事／女性＝家事・

育児の分業は，女性にとって不利益になることが多い。このような分業においては，女性は結婚をお金や資産を得る手段として使うことによって，男性に依存しなければ生きていけない。また，多くの場合，実際には女性はパートなどの労働をしており，それによって生活費を補助しているが，このような分業構造のもとでは，男性と同等の恵まれた職場環境は難しく，低賃金で不安定な雇用条件の仕事しかないことが多い。

　職業の自由というのは，基本的人権の1つである。資本主義社会においては，どのような仕事をするかによって，経済的・社会的な格差が生ずる。職業の選択をする機会を平等にしておくこと，すなわちだれでも同じように，ある仕事に就くことに挑戦することができるということは，社会の公平さという意味で非常に重要である。選挙権などの政治的な権利や教育を受ける権利などは，近代社会では，だれもが平等にもつべき権利だと考えている。このような公正に関する観念は，階層，家柄，人種など生まれながらにして決まる不合理な理由によって人が差別されることをやめさせようとする歴史的な運動の結果，しだいに広まっていった。性別によって政治的権利や教育・職業における権利を分けへだてするべきではない，という考えが多くの国のなかで確立したのは，比較的最近である。選挙権が男女平等になったのは，オーストラリアで1902年，アメリカでは1920年だが，日本では1945年，そして，たとえばリヒテンシュタインでは1984年にようやく女性の投票権が認められた。

ジェンダーとフェミニズム

社会学で、ジェンダーという問題を考えるうえでは、とくに社会的公正という視点が重要である。性差に関して社会的公正を追求する思想は、一般にフェミニズムと呼ばれている。フェミニズムは、男女が平等となり、女に生まれたからといって社会的な差別をこうむらないことをめざした思想である。フェミニズムは、その思想の実現をめざして社会運動を起こし、人びとにその思想を広めていった。大きく分けると、第1波フェミニズムと呼ばれる、19世紀末から20世紀初頭の、おもに選挙権の獲得を目標として行われた運動と、第2波フェミニズムと呼ばれる、1960年代後半から70年代において盛んとなった女性解放運動があった。第2波フェミニズムは、賃金、昇進、雇用機会など職場における不平等を告発し改善しようとする方向と、女性のからだや自己表現など、女としての自分自身に向き合い、そのアイデンティティを模索していく方向と2つの方向をもっていた。前者は、1975年の国際婦人年の制定に1つの成果をみ、日本では85年の男女雇用機会均等法によって、男性と平等の雇用機会をうながす政策につながっていった。後者からは、避妊・性などの女性のからだの問題をみつめなおし、女性自身が、自分の体についての知識とコントロールを得るべきという思想が定着し、いまでは、先進国、第三世界諸国において、産児制限や人口問題と深くかかわる思想の1つとなっている。

フェミニズムは、男女の平等をめざす思想だが、どうなれば平等だといえるのかという具体的理想像についてかならずしも一致しているわけではなく、いくつかの立場がある。その具体的な実現方法もさまざまな提案がなされ、試されはじめている。教育や

職業などを得るための門戸をだれにでも開くという機会の平等が原則だが、機会を平等にしても、それまでの家庭環境の違いや文化的な価値観の影響が強く、なかなか平等にはならない。たとえば、人形遊びをし、おとなしいことが奨励され、男の子と喧嘩をしたり機械いじりをすることが、「女らしくない」「変わっている」と思われるような環境では、リーダーシップをとれる女性や技術者を志望する女性は育たない。このため、多少能力に違いがあったとしても、女性が少ない分野では、まず女性を積極的に登用し育てるべきだという意見も多い。歴史的には、そして場合によってはいまでも、能力がなくても、男性のほうが優遇され登用されてきたからである。しかし、これには、現在の個人の権利をおかしてでも歴史的な補償をするべきかという問題があり、異論もある。

社会の理念と変革

よく、フェミニズムという言葉を聞くと、多くの女性はかならずしも賛成していない、女性たちは社会が変わるべきだとは思っていない、という人びとがいる。興味深いことに、先の小説の女性優位社会でも、多くの男性がメンズ・リブに反対し、既婚男性は家庭に入るべきだとデモをしている。どんな社会でも、社会的に不平等で不利益な地位にいるすべての人びとが、不平等な制度に反対してきたわけでも、しているわけでもない。

　制度は、子どもの頃からの教育や周囲の期待によって、その社会制度に必要な知識や生き方を、いわば生まれたときから人びとに叩きこんでいる。多くの人びとにとっては、制度が変わり、いままでの知識や物の見方が変わってしまうということは、かなり

リスクをともなうことである。いくら損な立場にいるといっても，そのなかで生きていく方法は身につけているのであって，まったく対処できないかもしれない新しい制度に変わるのはリスクが高い。とりわけ，そこで生きていくためのより優位な資源をすでに手に入れている人びとにとってはそうである。

　日本のフェミニズムのなかでは，なぜ女性たちの大多数が現在の制度に積極的に反対しないのかについて，近年よくなされる議論がある。1つのよく言われる説明として，女性たちは，社会によって洗脳され，これがよい社会でこれしかないと思いこまされているから反対しないし疑問にも思わないのだという説明がある。これに対して，こうした見方をイデオロギーとし，自分の考えと異なるものを誤った洗脳と決めつけるのは傲慢で根拠のない見方ではないかという批判がなされる。

　しかし，人びとはたんに思い込まされているだけでなく，もっと合理的な理由によって制度の変化に反対しうる。女性たちにとって，他の人よりも突出して，いまの制度に反対だと言いだすのは，周囲から変な人間，危ない人間と思われて，非常に不利益をこうむる危険性が高い。また，多くの人びとは，いまの制度のなかである程度の権利や利益を確保しているのであり，それらを失う危険があり，よりよい権利や利益が確保できるかわからない変革に消極的になりやすい。また，多くの人びとは，社会がどのように変わる可能性があるのか，人びとの暮らしや自分の可能性がどのように変わりうるのか想像もつかないのが実際のところである。私たちは，しばしば，外国に住んだとき，日本では想像もしなかった制度による別の生き方・生活が存在しうることに驚く。そこではじめて日本のあり方を反省し評価を始めるのである。

社会がどのようにあるべきか，それは多くの情報や可能性をもとに広く議論を重ねられるべきことがらである。ただ，民主主義という近代の正当性の枠組みにおいては，個人のせいではない非合理的理由にもとづいた差別をなくすことが正義であり，そうした理由による人びとの不幸を，数の多少とは別に社会の不幸ととらえ，なくす努力をしてきた。ジェンダーという社会的な視点や問題は，このような努力の結果発見された，1つの知的成果なのである。

サマリー＆文献

　この章では，ジェンダーという言葉が用いられる背景となった基本的な問題設定を述べた。小説の記述や具体的な事例をあげながら，いままであまり疑われてこなかった男女による違いが，動かしがたいものでも当たり前のものでもないことを述べ，そうした従来の区別がもっている問題性を，身近な事例をとおして人間の権利の平等と社会的利益という観点から述べた。また，こうした立場を語るとき議論となるいくつかの問題点も指摘した。

　ジェンダーの問題を扱うときには，異なる立場に自分をおいて考えるという，社会学的想像力が何よりも大切である。あらゆる人は，女性／男性という性別をもち，そうした性別ごとの社会的期待を受けたり，そうした期待のもとで他人を拘束している。ジェンダーの問題は，すべての人びとにとって，自分の問題なのである。そうした意味で，この章では，なるべく自分の体験として想像しやすいように努力したつもりである。

　フェミニズムは，ジェンダーのもつ問題点と原因をさぐる視点として，リベラル・フェミニズム，ラディカル・フェミニズム，マルクス主義フェミニズムという3つの基本的な見方を基礎とし

ている。この章では，現在のジェンダーがもっている問題点を，個人の自由の確保，社会的公正，社会的利益という観点から述べた。これは比較的リベラル・フェミニズム的な見方に力点をおいた指摘である。ラディカル・フェミニズムは，女性が被っている不利益が，男女の日常的・社会的・政治的な権力関係に根ざしていることを指摘した。よりラディカル・フェミニズム的な言い方をすれば，男性がこうした関係から利益を得，権力を行使しているのである。マルクス主義フェミニズムでは，これが資本主義とどのように結びつき，資本がジェンダーという枠組みを使って，女性の労働力をどのような形で搾取するかということを問題とする。これらの枠組みについては，①の理論編が手引きとなってくれるだろう。それぞれについては，②，③，④などが参考になるだろう。また，⑤は，リベラル・フェミニズムの古典であるが，いまでも古びない優れた分析である。

　言語・文学・美術・歴史・日常生活・政治などさまざまなことが，ジェンダーの視点から分析できる。①は，ジェンダーのさまざまな分析や問題指摘をみるのに便利である。⑥も，日本のフェミニズムの全体像をつかむのに便利である。⑦は，社会学の視点から，日常生活のなかでのジェンダーのあり様をとらえている。

　ジェンダーの視点から，各学問分野の従来の方法論を再検討し，新しい成果を出そうとした研究もあり，実証研究では⑧などがある。方法論の検討としては，⑨が社会科学の新しい理論的創造をジェンダーの視点から試みていて興味深い。その後の構築主義的視点をとるフェミニズムについては，6章を参照してほしい。⑩はジェンダーの分析に使われる社会理論や概念を広範に紹介している。

① 加藤秀一・坂本佳鶴惠・瀬地山角編［1993］,『フェミニズム・コレクション』Ⅰ〜Ⅲ，勁草書房

② フリーダン, B.［2004］,『新しい女性の創造』改訂版, 三浦冨美子訳, 大和書房
③ ミレット, K.［1973］,『性の政治学』藤枝澪子ほか訳, 自由国民社
④ ソコロフ, N. J.［1987］,『お金と愛情の間』江原由美子ほか訳, 勁草書房
⑤ ボーヴォワール, S.［1952］,『第二の性』生島遼一訳, 新潮文庫, または［1966］,『ボーヴォワール著作集』生島遼一訳, 6, 7巻, 人文書院
⑥ 天野正子ほか編［2009］,『新編 日本のフェミニズム』岩波書店
⑦ 江原由美子ほか［1989］,『ジェンダーの社会学』新曜社
⑧ オークレー, A.［1980］,『家事の社会学』佐藤和枝・渡辺潤訳, 松籟社
⑨ スコット, J. W.［2004］,『ジェンダーと歴史学』増補新版, 荻野美穂訳, 平凡社
⑩ 江原由美子・山崎敬一編［2006］,『ジェンダーと社会理論』有斐閣

坂本佳鶴惠 ◆

第8章 規範と制度

私たちをとりまくルール

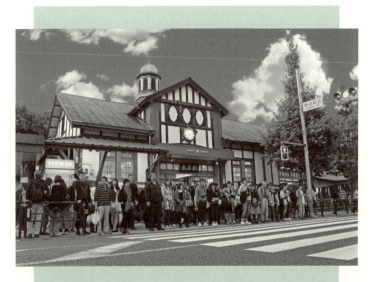

　「赤信号，みんなでわたればこわくない」というギャグは，社会に秩序を与えている交通ルールが人間のつくりだしたものにすぎないから，変更可能であることを示している。しかし人間のつくりだしたルールをすべて変更することは，可能であろうか。そもそも私たちが，自由という名のもとに，いつも勝手気ままな行為をしたらどうなるであろうか。社会は無秩序状態になり，ホッブズのいう「万人の万人に対する戦い」の状態になってしまう。近年，世界各地で起こっている民族対立や宗教紛争は，このような状況を呈している。
　あまりに管理され，自由のない息苦しい社会も困りものだが，いつも発砲事件の起こっているような規律のない社会も困りものである。人類の誕生以来，私たちの行為は，社会によってガイドラインを与えられてきた。人間の行為を導き，社会に秩序を与えるものは何だろうか？

就職戦線とリクルートスーツ

バブル経済の崩壊以降，日本経済は慢性的な不況におそわれている。あの高度経済成長期に売り手市場だった新規学卒の就職戦線も，現在ではすっかり買い手市場になってしまった。2000年代に入ってからは，フリーターという言葉も注目され，若者にとって働くことの意味はしだいに変化してきている。

昭和初期，軍部の力は日に日に強くなり，関東大震災の復興が軌道にのりはじめた途端，金融恐慌が発生するという時代状況のなかで，芥川龍之介は「将来に対するただぼんやりとした不安」という言葉をのこして自殺し，「大学は出たけれど」という流行語が生まれた。バブルがはじけ，阪神・淡路大震災や東日本大震災を経験した現在の日本は，昭和初期の社会とは，かなり様相を異にするとはいえ，高度経済成長以降，多くの人が考えだにしなかった「大学は出たけれど」という状況が生みだされていることは，時代の転換点を示すものとして注目される。

それにしても会社訪問する男子学生も女子学生も，なぜすべてリクルートスーツに身をつつむのであろうか。何年前からであろうか，会社訪問の季節には，デパートの洋服売り場にリクルートスーツのコーナーが登場するようになった。別に企業側が，学生にスーツの着用を指示しているわけではない。Tシャツにジーパンに下駄履きで会社訪問してもよさそうなものである。面接では服装ではなく，人物をきちんとみればよいのだから。ところがである。だれ1人としてそんな学生はいない。肩にかかるような長髪やノーネクタイで訪問する男子学生すらいない。

昨今の若者のクリスマス・イブ事情も似通ったところがある。わが国にキリスト教徒が少ないにもかかわらず，クリスマスケー

リクルートスーツに身を包んだ就職活動中の学生たち

キやクリスマスプレゼントでクリスマスを楽しむ習慣が定着したのは，日本人の「欧米崇拝」によるものと考えられる。近年では，若者は，異性とデートするのが「クリスマス・イブのおしゃれな過ごし方」になっている。そんな過ごし方のできない男性は，へたをすると「一人前の男性」でないことになりかねない。一昔前ならば，男同士，酒を飲んでドンチャン騒ぎして結構盛り上がったものだが，当世そうではないようだ。

社会現象の規則性 このように直接的な指示や強制がないにもかかわらず，多くの人びとの行動が類似しており，同一のパターンを示すから，私たちは社会現象には規則性があると考える。いまあげたリクルートスーツの例であれば，会社訪問する学生のほぼ全員が「会社訪問するさいには，リクルートスーツを着用するのがのぞましい。髪型や靴やネクタイ

第8章 規範と制度

もそれにふさわしいものにするのがよい」と考えているから，まったく同一の行動パターンが生じてしまうのである。

私たちの日々の行動を社会現象として出現させ，制度に媒介するものを，社会学では規範という。ミクロな人間の行動は，規範によってマクロな社会へと接続される。社会現象に規則性があること，社会には何らかの秩序があること，社会の存続という社会のさまざまな謎を解く鍵は，規範にある。

規範には，約束事としての側面とのぞましさとしての側面がある。約束事としての側面は，トランプ，野球などのゲームのルールや，交通信号に明瞭である。たとえば野球であれば，ボールが4つになると打者は四球で出塁できるし，ストライク3で三振というルールがある。この程度のルールなら，少し野球をやったり，見たことのある人ならだれでも知っている。ところが本格的な試合になると，ピッチャーのボークについてのルールや，ドーム球場で天井にあたったフライをどう扱うかといったルールについて知っている人は少ない。

交通信号の赤が「止まれ」で青が「進め」というのも，あくまで約束事である。だから「赤信号，みんなでわたればこわくない」ということになる。もちろん，交通ルールを守らない人が多くなったら，混乱し，交通事故が頻発することになるから，交通ルールは守らなければならない。しかし交通ルールといえども人間が社会をスムーズに運営するために設けた約束事であることにかわりはない。

約束事としての側面

規範が約束事であることは，規範を法則から区別する，したがって社会を自然か

ら区別する最大の特性である。法則は，自然現象の法則がそうであるように，人間の作為によって変わることはない。たとえば物質が燃えるのは，その物質が空気中の酸素と反応するからであるし，植物で光合成がなされるのは，葉が二酸化炭素をとり入れ，酸素を出して，炭水化物をつくっているからである。これに対して規範は，人間が人為的に設定したものであるから，変更可能である。これは，古い法律が廃止され新しい法律が制定されることに明らかである。

　規範の第1の特性である約束事としての側面が強調されると，規範は社会や時代によってまったく異なるという主張になる。実際，しきたりやエチケットは，しばしば社会や文化によって異なる。たとえば同じ日本の国内でも，香典に包むお札は，古いお札が礼儀正しいとされている地域と，新しいお札が礼儀正しいとされている地域がある。古いお札が礼儀正しいとする理由は，「病気になっていることを知らなかった。突然の訃報に接し，とるものもとりあえず香典を包んだから，古いお札になってしまった」というものである。新しいお札を入れたのでは，故人の病気をとおして死を予想していたと思われて，故人の親族に失礼であるという理由である。これに対して，新しいお札が礼儀正しいとするのは，慶弔いずれも他人には新しいお札を渡すのが礼儀だと考えるからである。

　もう1つ例をあげよう。わが国では，相手との対面的コミュニケーションで，相手の目を見て話すのは，失礼なこととされてきた。江戸時代までの社会の名残であろうか，「伏し目がち」にしゃべるのが礼儀とされてきた。これに対して，欧米では，相手の目を見て話すのが礼儀とされる。なぜなら相手の目を見ることは，

相手の話に関心があり、一生懸命聞いていることのあかしだとする解釈が働くからである。しかしわが国でも最近では、若い人たちを中心に、相手の目を見て話すのが礼儀正しいとされるようになり、大学生が就職のために会社訪問したさいには、人事担当の人の目を見て話すように、大学の就職部では学生に指導しているという。香典に包むお札にしろ、対面的相互行為のさいの視線のとり方にしろ、礼儀正しいとされる行為が、社会によってまったく反対になっている。これは、文化の恣意性と呼ばれる。

文化の恣意性　文化の恣意性とは、個人の行為が文化もしくは社会による解釈をとおして、礼儀正しい行為／そうでない行為として意味づけられることである。いまあげた2つの例（香典に包むお札、他者への視線のとり方）は、行為者の意図としては、礼儀正しくふるまった行為が、客観的な帰結としては、礼を失した行為になる可能性があることを示している。そうなると行為者は、少々冷めた視線をあびたり失笑をかうことになるが、「行為者のカンちがい」ですんでしまう。ところが行為者に、もっと深刻な結果をもたらすものもある。第2次世界大戦中のわが国では「捕虜」になることは、恥ずべきことだとされた。この価値観に忠実だった日本人は、兵士であれば玉砕することを美徳としたし、非戦闘員であれば、アメリカ軍が上陸した沖縄でみられたように、上陸する前に自分の命を絶ったのである。

　文化の恣意性は、私たちが異なる文化を理解するさいに誤解や先入観にもとづいてみないように注意をうながすものである。だがその反面、文化の恣意性をあまりに強調すると、社会や文化が

異なってもその根底に共通なものを発見するという姿勢を否定することになり，普遍的認識をめざす科学そのものの成立があやうくなる。この危険を回避するために必要なのが，規範の第2の特性たるのぞましさの側面である。

のぞましさとしての側面

私と他者との相互行為場面では，規範に従う行為は，行為が他者にとって了解可能であることと，ほぼ同じ意味である。つまり規範に従う行為は，他者に了解され，他者との社会関係を生成するのに対して，規範に従わない行為は，他者に了解されないから，他者との社会関係にひびがはいり，崩壊に導くことになる。

　もちろん規範に従わない行為であっても，しだいに他者に了解されることがある。たとえば，夫婦別姓を希望するカップルが，籍を入れないまま結婚生活に入ることは，事実婚といわれ，現在のところわが国の民法では法的に結婚したことにはならない。事実婚は，いまなお社会通念から逸脱した婚姻の形態ではあるが，「内縁」「同棲」というこれまでの言葉にあったような暗いイメージはない。夫婦別姓への法改正の動きとともに，事実婚が許容される時代になりつつある。

「善きこと」の普遍性

成文化され明示化された規範の代表例である法律を考えてみると，法律は変更可能であるし，私たちにとってなぜ必要なのかわからない法律もたくさんあるから，法律が規範の第2の特性である，のぞましさの側面を有しているとは考えにくい。しかし西洋であれば古代ギ

リシャ哲学以来,中国であれば諸子百家の時代以来,多くの哲学者は「善きこと」への問いを発してきた。「善きこと」がホモ゠サピエンスとしての人類に普遍的なものだとするならば,この「善きこと」を具体化する形で,規範は立ちあらわれてきた。

　規範の第2の特性である,のぞましさの側面が強調されると,いかなる社会にも規範が存在し,その規範は何らかの共通性をもつという主張になる。現代社会における法律もまた,この「善きこと」を土台に成立しているといえる。もちろん,この「善きこと」が実際の法律とどうつながるかが問題なのであり,このつながりを明らかにすることが,人文科学・社会科学の課題である。古典をひもといてみても,古代中国における孟子の性善説,荀子の性悪説,近代西欧の啓蒙主義における理性へのゆるぎなき信頼と自然法思想などは,この課題に対する優れた解答の試みである。

のぞましさの実現

　規範に,のぞましさとしての側面があることから明らかなように,規範はそののぞましさを実現するように作用する。規範によって,私たちの行為は,「……すべし」という行為と「……すべからず」という行為とに判然と区別され,「……すべからず」という行為には,しばしば逸脱的な行為というレッテルが貼られるし,逸脱的な行為をした場合には,社会からしっぺ返しをくらう。これらの作用は,現実には,サンクションの行使をとおしてなされる。

　サンクションとは,行為者の行為に対する他者のさまざまな反応のことであり,行為を是認して奨励しようとするものと,行為を否認し罰を与えて阻止しようとするものがある。前者は正のサンクションと呼ばれ,後者は負のサンクションと呼ばれる。この

ようにサンクションは賞罰両方を意味し,かつては制裁と訳して用いることが多かった。しかし制裁と訳すと,負のサンクションのみを意味することになるので,最近では正負のサンクションをともに含むという意味でサンクションとカタカナ書きして用いることが多い。

サンクションの行使が有効であるためには,ある行為に対する他者の反応が,集団や社会の評価と一致していなければならない。これは,行為者の側からすれば,個別の2者関係のなかでのみ成立し,行為者に心理的ダメージを与えない冗談やからかいはサンクションではないのに対し,行為者に心理的ダメージを与え,「村八分」や行為者の排除につながるような冗談やからかいはサンクションになるということである。すなわち,ある行為に対する他者の単なる好き嫌いという個別的な評価はサンクションではないのに対し,その評価が集団や社会全体の雰囲気をあらわしており,行為者にプレッシャーを与えるような集合性や社会性をもった評価がサンクションである。

規範はサンクションの行使と表裏一体であり,規範の存在は,サンクションの行使をとおして,より具体的かつ明示的な形で示されるのである。そのさい正負のサンクションは,奨励のルールと禁止のルールと呼ぶことができるから,規範とは,奨励のルールと禁止のルールからなるルールの複合体だと定義することができる。

慣習・道徳・法　規範の特性として,約束事としての側面とのぞましさとしての側面の2つがあるから,この2つの特性にそくして,規範のタイプを考えてみよう。

第1に、約束事としての側面が強い規範として、慣習がある。すでにふれた、しきたり、エチケット、儀礼がこれにあたる。慣習にはなぜそのように行われているかわからないものもあり、伝統に従って行われているにすぎないものもある。慣習はサンクションと結びついていないことが多いから、慣習を実行する人がいなくなったらしだいにすたれ、消滅することもある。しかし個人および集団にとって何らかの意味をもつ慣習が消滅することはない。たとえば結婚式は、現代では結婚するカップルを祝福する意味あいが強いが、より普遍的な意味では、婚姻を社会的に承認し、新しいカップルを集団のメンバーとして再確認するという機能をもっているし、葬式は、死をとおして生の意味を確認するという機能をもっている。それゆえ冠婚葬祭の儀礼は、いかなる社会およびいかなる時代にも存在するという意味で、普遍的な慣習だといいうる。

　第2に、のぞましさとしての側面が強い規範として、道徳がある。「ひとのものを盗むな」、「ひとを殺すな」という道徳があることからわかるように、道徳はサンクションと結びついていることが多い。道徳が、より一般的に人間の生き方を語る場合には、社会や時代を超えた普遍性をもつが、より個別の状況での行為の倫理を語る場合には、その社会や時代に固有なものとなる。たとえば欧米に比べて個人よりも他者との協調を重視するわが国では、子どもの育て方として、最大公約数的なのは「ひとさまの迷惑にならないような人間に」という道徳である。

　第3に、約束事としての側面とのぞましさとしての側面をともにもつ規範が、法である。法は、法の遵守への強制力および違反者への処罰の正当性を有しているから、サンクションとの対応

関係がもっとも明瞭な規範である。美術館・体育館の利用規則，図書館の図書貸出規則，企業従業員の就業規則といったものは，法に比べてサンクションは弱いが，法に準ずるものとして考えておくのがよいであろう。

規範と価値

規範が奨励のルールおよび禁止のルールからなるルールの複合体だとすれば，価値は，この規範をさらに一般化し，全体社会の普遍的な基準となっているものである。価値の具体的例として，たとえば近代社会では言論，移動，職業選択，結婚などの個人の活動の自由が尊重されたこと，資本主義社会では企業の自由な経済活動や政党の政治活動が保障されたこと，さらに産業社会では労働が重視され，その結果，わが国では「会社人間」や「過労死」などの社会問題が発生したが，脱産業社会になるにつれて労働よりも余暇が重視されるようになったことなどをあげることができる。

これらの例からわかるように，価値と規範の区別はあくまで相対的であるが，価値は，規範に比べて行為を指示したり強制したりするものではない。つまり価値は行為者の態度形成のみなもとであり，社会全体の一般的雰囲気をあらわしているのに対し，規範は行為者に行為のガイドラインを与えるとともに，社会秩序の形成と維持を可能にするものである。ある社会の編成原理に直接関係しているのは，価値よりもむしろ規範である。

社会学では，E. デュルケームが人間を相互に結合させるものに注目したり，M. ウェーバーが人間の行為をつきうごかす理念やエートスの意義を強調したりして以来，ここでいう規範が中心的なテーマとされてきた。とりわけアメリカ社会学の中心人物パ

ーソンズによって，規範は社会学の中心概念になった。パーソンズは，一方で行為者が規範を学習し（これをパーソンズは規範の内面化〔internalization〕と呼ぶ），他方で規範が社会に受容される（これをパーソンズは規範の制度化〔institutionalization〕と呼ぶ）ことによって，社会の秩序は維持されるとした。社会の秩序の生成や維持を考えるさいに，規範の考察はきわめて重要である。

日本社会の人間関係を支える原理

欧米社会とは異なる日本社会独自の編成原理を生みだしている規範の1つとして，年功序列の規範がある。年功序列の規範とは，「長幼序あり」という言葉に明瞭に示されているように，年下の者は年上の者を尊敬すべしという規範である。明治時代に近代企業を設立した企業家たちは，欧米にみならって，年功序列にとらわれないで実力主義にもとづく雇用関係を確立しようとして失敗した。その後，江戸時代までの年功序列の規範を近代企業に導入し，年功序列型の雇用慣行が成立していく。年功序列型の雇用慣行は，会社に同期で入社した人を，賃金の面でも地位の面でもほぼ平等に上昇させていく制度であるから，同期の人びととの平等性を確保することを可能にした。と同時に，実力主義の場合のように，違う年齢同士の過激な競争が発生することはないから，社内の競争を抑制し，従業員相互の連帯感を高める効果をもっていた。だからといって競争がまったくなくなったわけではなく，年功序列の規範に「少年よ大志をいだけ」に代表される立身出世の価値観がミックスされることによって，適度な競争がなされ，これが企業の生産性を高める方向へと作用した。日本社会が年功序列の規範によって編成されていることを，人類学者の中

根千枝は「タテ社会」と呼んでいる。

タテ社会と敬語の体系

わが国が年功序列の規範を中心とした「タテ社会」であることを示す1つの例として、日本語における複雑な敬語の体系をあげることができる。敬語の体系は、本来身分制社会のなかで、目上―目下という身分を明瞭にし、身分制を維持していくために生まれたと考えられる。明治以降の近代化によって、身分制そのものは解消に向かうが、企業内での地位の上下、経済的に富裕な層と貧困層という、階層的な上下関係は存在したから、この上下関係を表現するものとして敬語の体系は機能した。戦後の高度経済成長による中間層の増加と「一億総中流意識」の登場は、日本社会が諸外国に比べて階層間の格差の小さい社会であることを明らかにした。しかしいまもなお、年功序列の規範が有効に機能しているから、日本社会はタテ社会の原理によって構成されているといえる。しかも外国語に比べて、微に入り細を穿つほどの微妙かつ多様な敬語表現をつくりだしたのは、日本人がいかに「上か、下か」という身分や地位の違いを気にし、その微妙な差異を尊重してきたかを物語っている。

日本語の敬語の体系がタテ社会の原理とマッチしているように、日本語に主語なしの文章が多いことも、日本社会の人間関係の原理を反映している。わが国では、行為主体を明確にすることは好まれない。「能ある鷹は爪をかくす」ということわざがあるように、自己主張をし、ぐいぐい他者をひっぱっていくリーダーは好まれない。下の人によってかつぎ出され、黒衣（調整役）に徹する人が最高のリーダーなのだ。このように主体を曖昧にしておくこと

を美徳とする文化が言語表現にもあらわれ，主語なしの文章が多用されるようになったのであろう。

> 規範から制度へ

規範が奨励のルールと禁止のルールからなるルールの複合体だとすれば，この規範を社会の各領域に具体化したものが制度である。制度は，社会的な事物・事象の存立を可能にするとともに，社会的な事物・事象を明示的にコントロールしている。ここで社会的な事物・事象という表現はきわめて抽象的であるから，その実体として，①家族，学校，企業，政党，民族などの社会集団，②地域社会，国民社会，③市場による財の交換や，パソコン通信による情報の交換などのネットワーク，④社会階層，の4つを考えておけば，わかりやすいであろう。それではこれらの社会的な事物・事象が，制度とどのように関係しているか，社会集団，地域社会，国民社会について，みておこう。

まず社会集団についてみれば，日本の家族は，婚姻制度および「イエ」制度のもとで成立しているし，学校は，義務教育をはじめとする教育制度のもとで成立している。「イエ」制度とは，家業（農業，商業）を営む経営体であり，成員間の結合が強調される家族の類型であり，日本の伝統的な家族の総称である。企業は，一般的には近代資本主義および自由主義の経済制度のもとで成立しているし，個別的には株式会社制度および私有財産制度のもとで成立している。しかもわが国の企業の場合，年功序列の規範および集団主義の規範にマッチする形で企業組織が形成されている。年功序列の規範に適合しているのが，年功序列型の賃金体系を中心とする雇用慣行である。年功序列型の賃金体系とは，説明する

までもないが,入社以来の勤務年数が長くなるにつれて賃金が上昇することである。集団主義の規範に適合しているのが,職種別や産業別ではなく,企業別に労働組合が組織されていることである。なお年功序列型雇用慣行と企業別組合に,終身雇用(長期雇用)を加えた3つは,日本企業独自の経営方式であり,この3つを総称して「日本的経営の三種の神器」といわれ,1980年代までは,日本経済の強さを支えるバックボーンだとされてきた。しかしバブル経済がはじけ,「失われた20年」を経た現在では,日本的経営は日本の企業から姿を消しつつある。日本的経営の衰退とともに,労働者をめぐる状況としては,非正規雇用の増加が深刻な社会問題になってきている。

つぎに地域社会は,地方自治制度のもとで成立しており,わが国の場合,地方自治制度が地方分権に有効であるかどうかは議論の分かれるところである。国民社会は,国家目標もしくは国民社会の目標のもとで成立している。戦後の高度経済成長期には,経済成長優先の財政,金融,税制などの諸制度のもとで国民社会は運営されたし,安定成長以降は,福祉社会をめざす社会保障制度のもとで運営されている。

近代社会と秩序

近代社会は自由と平等を標榜し,個人の主体性を尊重するから,一見すると社会には,自由な個人のみが存在し,いかなる秩序もないように見えるかもしれない。しかし秩序の存在は,これまで述べてきたことから明らかなように,規範の存在を前提とするならば,自明のものとなる。私たちの多くは,「非凡なる凡人」もしくは常識ある小市民として日々の生活をおくっているから,幸せなことに規範

の存在に気づかないだけなのである。ひとたび規範をつっつくと，規範は，その姿を鮮明な形であらわす。規範は，禁止のルールをとおして，私たちの行為の範囲を確定する。と同時に奨励のルールによって私たちをのぞましい行為へと導いているのである。このような規範の作用および規範による制度の形成こそ，社会秩序をダイナミックにつくりだしているものである。

サマリー&文献

この章では，私たちの行為にガイドラインを与えるものとして，規範を考え，規範には約束事としての側面とのぞましさの側面があることをみた。このような行為と規範，規範と社会秩序というテーマについては，①と②が参考になる。社会学史上の名著，デュルケーム，パーソンズの著作（③，④，⑤）は，社会秩序の問題について，オーソドックスな社会学的理解を提供してくれる。

日本社会に固有な規範である年功序列について，⑥が人類学の立場からタテ社会を論じている。また日本社会を「イエ社会」の歴史として考察した⑦は大著であるが，イエ社会について理論および史実の面から包括的な検討を行っている。

① 黒田亘［1992］,『行為と規範』勁草書房
② 橋爪大三郎［1985］,『言語ゲームと社会理論』勁草書房
③ デュルケーム，E.［1989］,『社会分業論』井伊玄太郎訳，講談社学術文庫
④ デュルケーム，E.［1985］,『自殺論』宮島喬訳，中公文庫
⑤ パーソンズ，T.［1974］,『社会体系論』佐藤勉訳，青木書店
⑥ 中根千枝［1967］,『タテ社会の人間関係』講談社現代新書
⑦ 村上泰亮・公文俊平・佐藤誠三郎［1979］,『文明としてのイ

エ社会』中央公論社

――――――友枝敏雄 ◆

第9章 コミュニケーションの自己準拠

社会秩序の不思議さ

私たちは、つねに社会という秩序のなかで生きている。秩序は、ありがたくもあると同時に、煩わしくもある。秩序が煩わしく思われるのは、秩序が人びとの行動を縛り、選択の自由を奪うからである。では、秩序は、必然的に自由と対立するのであろうか。そして今日、インターネットをはじめとする新しいメディアが登場してきたが、そうしたメディアの誕生によって、現代社会の秩序はどのように変わろうとしているのであろうか。

秩序とはどのような状態か

自然の世界にも、人間の世界にも一定の秩序が存在している。2つの秩序は、もちろん同じではないが、そこには一定の共通点もみられる。この共通点こそ、秩序とは何であるのかを示しているので、まずこの点をみておこう。

いまここにお湯の入ったグラスがあるとしよう。このグラスを部屋のなかに放置しておくと、お湯の温度は下がり、まわりの温度と同じところで静止する。この状態は安定しているので、一見秩序が成立しているようにみえる。だが、分子のレベルでみると、水の分子は、このときバラバラな動きをしている。各々の分子は、バラバラに動くことによって互いの動きを打ち消しあっており、そのためマクロ的には静止した状態が続いているのである。

一方、このグラスに下から熱を加えると、対流運動が起こる。この対流運動をミクロなレベルで観察すると、水の分子は、対流運動の方向に沿って動いている。各々の分子が同じ方向に動くことによって、対流運動が起こっている。つまり、対流運動というのは、水の分子の協調的な動きをとおして生みだされた1つの秩序なのである。

人間社会以外にも、生命のように高度な秩序をもったものがある。ちょうど、加熱された水が対流運動という秩序をつくりだしたように、生命は、外界から酸素や栄養を取り入れることによって、みずからの秩序をつくりだしている。こうした外界との交流をつうじて、みずからの秩序を形成することを、物理学や社会学では「自己組織化」と呼んでいる。

この例をみてもわかるように、秩序というのは、秩序を構成する要素の間に協調的な関係が確立された状態をさしている。各々

の要素がそれぞれ勝手に動きまわっている状態においては、秩序は存在しない。要素の間に一定の関係が確立されたときにはじめて、秩序が成立するのである。

このことは、社会秩序に関してもいえる。人びとがバラバラに動いているかぎり、社会秩序は存在しない。そうした人びとのバラバラな動きに歯止めがかけられ、そこに何らかの関係が確立されたときに、社会秩序は成立するのである。

社会的自由

ひとたび社会秩序が形成されると、個人は、勝手気ままにふるまうことが許されなくなる以上、秩序の形成は、個人にとって自由が制限されることを意味している。秩序が煩わしいと思われる理由もそこにある。けれども、他者との相互依存的な関係が築きあげられると、そこから新たな行動の自由も生まれてくる。というのも、このような関係が確立されると、他人の助けを借りることができるようになるからである。

たとえば、信頼関係を考えてみよう。信頼が芽生えると、信頼された者は、相手の信頼に背きにくくなる。相手を裏切ったほうが自分の利益になったとしても、なかなか相手を裏切れない。信頼は、お互いの行動を束縛し、信頼に背くような行為の自由を奪っている。ところが、そうした束縛をとおして、信頼は自由の可能性を高めてもいる。双方が相手の信頼に応えようとするならば、相手を頼れるようになる。相手に依存すれば、大きなリスクを負うことになるが、信頼は、そうしたリスクを小さくする。そうなると、1人ではなしえなかった多くの事柄が実現可能になる。信頼は、こうして行動の自由を拡大している。

社会秩序が形成されると、このように勝手気ままにふるまう自由が制限されるかわりに、他者との協調をつうじて別の意味での自由すなわち社会的自由が得られる。この2つの側面は、ちょうどコインの裏表の関係にある。とはいえ、もし多くの社会的自由を得るのに個人の自由がいっそう制限されるとすれば、秩序と自由は、あいかわらず対立的な関係にある。秩序と自由の対立は、本当に避けがたいのであろうか。

「大地震は今日起きる」

　ここで1つ問題をだそう。いま、A, B 2人の人間がいて、Aは、大地震が1年以内に起きることを知っていたのに対して、Bは、大地震が今日か明日のうちに起きることを知っていたとする。どの日に地震が起きるのかは、どちらもわかっていない。そうした状況のなかで、「大地震は今日起きる」という情報が伝えられたとする。このとき、2人の驚きは、どちらのほうが大きかったであろうか。

　正解は、Aである。Bは、すでに2分の1の確率で今日地震が起きることを知っていたので、Bにとってこの情報は、それほど意外ではない。一方、365分の1の確率で今日地震が起きることを知っていたAは、「今日地震が起きることはまずないだろう」と思っていたにちがいない。そうしたなかで、今日地震が起きることを知らされたのだから、驚きは大きい。

　このように「今日地震が起きる」という情報は、「地震がいつ起きるのか」という不確実性に対して、「今日である」ことを示すことによって不確実性を減少させている。その場合、情報が不確実性を減少させた度合いは、A, Bにおいて同じではない。地震が1年以内に起きることしか知らなかったAは、地震が2日

以内に起きることを知っていたBよりも大きな不確実性に直面している。不確実性が大きいほど、その不確実性が減少したときの度合いも大きくなる。それゆえ、地震の起きる日を知ったとき、不確実性が減少した度合いは、Aのほうが大きくなる。

AとBの驚きの違いは、この不確実性の減少の度合いの違いに関連している。最初から結果を予想できる場合には、結果を知らされても驚きは生まれない。逆に、結果を予想することが困難であればあるほど（すなわち不確実性が大きいほど）、その結果を知らされたときの驚きも大きくなる。このように不確実性が減少する度合いは、驚きの大きさとしてあらわれるが、これらは不確実性の度合いに比例しているのである。

秩序と無秩序

この問題に答えてもらったのは、最後の点、すなわち「不確実性の減少の度合いが不確実性の度合いに比例している」ということを理解してもらいたかったからである。

自然科学の分野では、「情報量」と「エントロピー」という概念がある。情報量は、不確実性が減少する度合いをあらわしているのに対して、エントロピーは不確実性の度合いをあらわしている。そのため、情報量は秩序化の尺度として使われており、エントロピーは無秩序の尺度として使われている。その意味では、情報量とエントロピーは正反対の概念である。ところが、この2つは、数学的には同型の式で示される。それは、情報量が不確実性の度合いをもとにして、不確実性が減少する度合いをはかっているからである。不確実性の減少の度合いが不確実性の度合いに比例しているからこそ、情報量とエントロピーは、同型の式で示される

のである。

　私たちは、秩序化が進むほど、無秩序から離れていくように思いがちである。たしかに、秩序が成立するためには、無秩序の状態を否定しなければならない。要素がランダムに動いている状態のもとでは、要素の動きに含まれる不確実性は極大化しており、秩序を形成するためには、要素の動きに含まれる不確実性を減少させて要素のランダムな動きに歯止めをかけなければならない。不確実性の減少の度合いを示す情報量が、秩序化の尺度として用いられる理由もそこにある。

　しかしそれにもかかわらず、秩序と無秩序は、単なる対立関係にあるのではない。不確実性を減少させる度合いは、いま述べたように不確実性の度合いに比例している。高度な秩序をつくりだすためには、不確実性を減少させる度合いを高めなければならず、そのためには、不確実性の度合いも高めなければならない。より大きな不確実性を抱え込めば、それだけ無秩序に近づくことになる。それゆえ、高度な秩序というのは、無秩序性を排除した秩序ではなく、逆に無秩序性を取り込み、それでいて無秩序に陥らないような秩序なのである。このような秩序が生まれるとすれば、それはきわめて不思議な現象といえる。

秩序の「ありそうもなさ」

　社会秩序が成立することは、一見当たり前のように思えるが、本当は、社会秩序が成立することのほうが「ありそうもない」ことなのである。その「ありそうもないこと」が現に「ある」わけである。

　人間が集まれば、ただちに社会が成立するわけではない。「人

びとがバラバラにふるまっている状態」と一言でいっても，各人の勝手気ままなふるまい方の組み合わせを考えれば，そこには無数の状態が存在しうる。それに比べれば，人びとのふるまいが有機的に結びついている状態の数は，ずっと少ない。だから，社会が成立しない可能性のほうが，社会が成立する可能性よりも，はるかに大きいのである。社会が成立する可能性は，あたかも大海に浮かぶ孤島のように，社会が成立しない可能性に取り囲まれている。

しかしそれにもかかわらず，現に社会が存在するのは，そのわずかな可能性を実現するような作用が働いているからである。この作用は，社会自身のなかに備わっている。社会は，自分自身のなかに不確実性を減少させる働きをもっている。その働きをつうじて，自然の成り行きに任せていては実現しそうもないことを実現しているのである。

それゆえ，社会秩序が成立するということは，驚くべき現象である。ところが，社会秩序がいっそう高度な秩序として確立されるということは，それ以上の驚きに値する。なぜなら，いっそう起こりそうもないことが起こるからである。より高度な秩序は，より大きな不確実性を抱え込むことによって無秩序に近づくが，その不確実性を減少させることによって，みずからの秩序を維持している。無秩序に近づきつつ，無秩序に陥らない秩序が成立する可能性は，無秩序に陥らないだけの秩序が成立する可能性よりももっと低い。

では，このような社会秩序は，いったいどのようにして成立するのであろうか。

認識と行為の秩序化　地震が起きる日を伝えた情報は,いつ地震が起きるのかという認識レベルの不確実性を減少させたが,不確実性の減少は,行為に関してもあてはまる。人は,行為を行うさい,どの選択肢を選ぶかという選択的な問題に直面している。「今日は,勉強するか,映画をみるか,デートをするか,借金を返すか……」。人によっては,「今日こそ,いじめてやるか,殺してやるか……」と考えているかもしれない。行為の選択肢は,まさに無数にあるのである。人びとが無数の選択肢を思い思いに実現すれば,社会は無秩序に陥ってしまう。それゆえ,社会は,選択の可能性を絞り込み,行動的な不確実性を減少させなければならない。そうすることによって,人びとのバラバラな動きに歯止めをかけることができる。

　このように認識と行為は,いずれも選択的な営みとしてある。社会秩序には,認識と行為という2つの側面があるが,認識の秩序と行為の秩序は,いずれも不確実性を減少させる働きによって生まれる。そのさい,選択的な働きは,つぎに説明するように2段階にわたって行われる。社会が不確実性の減少の度合いを高められる秘密も,実はここにある。

選択は2段階にわたって行われる　「選択的な働き」という観点から社会秩序の問題を考えたのは,ドイツの社会学者N.ルーマンであった。ルーマンによれば,社会は,構造と過程という2段階にわたって,選択的な働きを加えている。ルーマンは,諸々の可能性のなかから一定の可能性を選びだすことを「複雑性の縮減」と呼んだが,ここでは「不確実性」という言葉を使って説明しよう。

社会は,「人を殺してはならない,人を欺いてはならない……」といったさまざまな規範をもとにして社会の構造をつくりあげている。これらの規範は,いずれも人びとの選択可能性に限定している。ただし,構造は,ある特定の行動を選びとるようなかたちで不確実性を減少させているのではない。人を殺さないといっても,そこには「勉強する,映画をみる,デートをする,借金を返す……」といったさまざまな行為の可能性が残されている。

　したがって構造は,1個の選択肢を選びだしているのではなく,複数選択肢を選びだしている。殺人が禁止されている社会のなかでは,人びとは「自分が殺されることは(まず)ないだろう」と思えるが,そう思えるのは,法が殺人という選択の可能性を排除し,行動的な不確実性を一定の水準に減少させているからである。それは,ちょうどニュートンの発見した「万有引力の法則」が,宇宙はどのように動いているのかという認知的な不確実性を一定の水準に減少させているのと似ている。

　社会の構造は,一般に「社会関係のパターン」や「社会的な出来事の規則性」としてあらわれるが,そうしたパターンや規則性は,可能性の選択という観点からみれば,「選択肢の束」を選びだすことに等しい。自然法則を認識したり,社会的規則を確立したりすることによって,認知的世界や行動的世界が構造化されるが,このような不確実性の減少は,「構造」レベルの選択なのである。

　一方,私たちが現実に行っていることは,そのつどそのつど1個の選択肢を選びだすような選択である。私たちは,目覚めているかぎり,何らかの対象を認識し,何らかの行為を行っている。そうした認識や行為は,そのつどそのつど特定の認知的・行動的

な選択肢を選びだすような営みになっている。現実の認識や行為は、時間的な経過とともに刻々と変化していくが、そのたびに特定の選択肢が選びなおされるわけである。この連続的な営みが「過程」レベルの選択である。

その場合、構造が用意した選択肢のなかから特定の選択肢が選ばれれば、この過程は、「秩序維持」の過程となる。しかし実際には、殺人事件のように、構造が排除したはずの選択肢が選ばれたり、あるいは、フランス革命のように、構造そのものを変革するという特別な選択肢が選ばれたりすることもある。前者のケースは「社会的逸脱」の過程となり、後者のケースは「社会変動」の過程となる。

大きな不確実性を抱えた構造

このように、構造と過程のあり方には、さまざまなパターンがあるが、社会秩序が成立し、維持されるときには、社会の選択的な働きは、構造と過程という2段階にわたっている。このとき不確実性の度合いを規定しているのは、ほかならぬ構造である。構造のなかから特定の選択肢が選ばれるかぎり、構造という「選択肢の束」の大きさが不確実性の度合いを規定しており、また不確実性の減少の度合いを規定しているのである。

ここでもう一度、地震の話を思い出してみよう。地震が起きる日を知らされるまえ、Aの不確実性とは、今日から1年以内のどの日に地震が起きるかわからないという不確実性であった。また、Bの不確実性とは、今日と明日のどちらに地震が起きるのかわからないという不確実性であった。その不確実性の度合いは、2人にとって地震の起こりうる日数に相当しており、Aにとっては

365日，Bにとっては2日であった。それらの日のなかから，情報は，「今日」という日を特定することによって不確実性を減少させた。

それゆえ，情報は，Aの場合には，365個の選択肢のなかから1個の選択肢を選びだし，Bの場合には，2個の選択肢のなかから1個の選択肢を選びだしたのである。不確実性が減少する度合いは，不確実性の度合いに比例していたので，Aは365個，Bは2個という「選択肢の束」の大きさが，不確実性の度合いとともに，不確実性の減少の度合いを規定していた。

これに類似することが社会に関してもいえる。いま仮に，A，B2つの社会があったとしよう。B社会の構造には，食事と労働という2つの選択肢しかなく，社会の構成員は，食べることと働くことしか許されていない。この社会では，食べては働き，働いては食べるという不眠不休の過程が続くことになる。

一方，A社会の構造には，食事と労働という2個の選択肢以外に，「勉強する，映画をみる，デートをする，借金を返す……」という363個の選択肢が用意されており，その時々に応じて，そのなかから特定の選択肢が選びだされる。B社会では「逸脱」とみなされていたこれらの行為は，A社会では「逸脱」とはみなされない。

B社会の構造に比べて，A社会の構造は，多くの選択肢を含んでおり，それだけ大きな不確実性を抱えている。この選択肢の数が大きくなればなるほど，無秩序に陥る可能性も大きくなる。しかしそれにもかかわらず，構造のなかから特定の選択肢がそのつど適切に選択されれば，A社会の秩序は保たれる。このとき，A社会は，大きな不確実性を減少させたことになる。A，Bのうち，

不確実性の減少の度合いが大きい(すなわち秩序化が進んでいる)のは,B社会ではなく,A社会である。

秩序化が進んだ社会とは

この例が示しているように,秩序化を推し進めるということは,人びとを「がんじがらめに」縛るような社会をつくることではない。束縛と拘束にみちた社会は,わずかな選択肢しか許しておらず,不確実性の減少の度合いが小さい。この秩序は「単純な秩序」でしかない。これに対して,秩序化が進んだ社会というのは,「複雑な秩序」をなしている。そこでは,構造のなかに多くの選択肢が用意され,しかも状況に応じて適切な選択肢が選びとられる。不確実性(の減少)の度合いが高い社会こそ,複雑な秩序をもった社会なのである。

このような複雑な秩序を形成するためには,次のような条件がみたされなければならない。まず構造のレベルでは,多くの選択肢を含むような構造が確立されなければならない。社会の構造は,さまざまな規範によってつくりだされているので,規範の抽象性を高めたり,規範を緩やかに規定したりすることによって,多くの選択肢を許すような構造が確立される。

そして過程のレベルでは,状況に応じて適切な選択肢を選びだすような選択のメカニズムが働かなければならない。冒頭で紹介した水の対流運動は,加熱をきっかけにして起こったが,社会の秩序化をもたらしているのは,もちろん熱ではない。自分の選択と相手の選択を結びつけているのは,社会的コミュニケーションであり,そのなかでやりとりされる情報である。「地震は今日起きる」という情報をAとBに伝えたのがCであったとすれば,A

とBは，Cとのコミュニケーションをつうじて情報を受け取ったことになる。過程レベルの選択は，まさにコミュニケーションの過程で働くのであり，社会の複雑性が増すほど，コミュニケーションの果たす役割も大きくなる。

コミュニケーションの自己準拠

情報はコミュニケーションをつうじて伝達されるが，コミュニケーション，イコール，情報の伝達ではない。社会の働きを2段階の選択としてとらえたルーマンによれば，情報は，送り手から受け手に伝達されるだけでなく，受け手によって理解されなければならない。情報の伝達と理解が組み合わさって，はじめてコミュニケーションという現象が成立する。

そのさい，受け手は，送り手が意図した以上の意味を情報から引き出すことができる。たとえば，「社会学」の講義が行われているとき，学生は，先生の話をとおして「社会学」の内容を知るだけでなく，その話しぶりから先生の人柄を知ることもできる。情報の意味が正しく理解される場合でさえ，そこにはさまざまな解釈が加えられる。このような理解のしかたは，一般に「受け手の能動的な理解」と呼ばれている。

受け手が情報を能動的に理解しているとすれば，送り手は，受け手が情報をどのように理解したのかを知ろうとする。送り手は，受け手の反応を見ることによってそれを知ることができるが，受け手の反応は，受け手が送り手となって情報を伝達する過程に相当する。それゆえ，どのようなコミュニケーションも，それに引き続いてコミュニケーションが行われることを必要としている。後続のコミュニケーションをつうじて，先行のコミュニケーショ

ンがどのようなコミュニケーションであったのかが確定される。つまり、コミュニケーションは、他のコミュニケーションとの関連のなかで成立するのである。

ルーマンは、こうした事態を「コミュニケーションの自己準拠」と名づけ、社会は、「コミュニケーションによるコミュニケーション」という自己準拠的な過程をつうじて形成されると考えた。

コミュニケーションの自己準拠には2つのタイプがある

ルーマンのいう「コミュニケーションによるコミュニケーション」は、いかなるコミュニケーションも後続のコミュニケーションを必要としているという事態をさしていた。

ところが、「コミュニケーションによるコミュニケーション」には、もう1つの側面がある。それは、いかなるコミュニケーションも先行のコミュニケーションを必要としているという側面である。

たとえば、社会学の授業のなかで、先生が「それでは始めます」と一言いっただけでも、学生は、何が始まるのかを理解できる。学生（＝受け手）は、「いま、ここ」がどのような状況であるのかを知っており、その状況的コンテクストをもとにして先生の言葉を理解するからである。ところが、その状況的コンテクストが成り立つためには、事前に「社会学の講義は、○○という時間に、××という教室で行われる」ということを伝えるようなコミュニケーションが行われていなければならない。

状況を定義する情報がコミュニケーションをつうじて送り手と受け手の間に共有されて、はじめて状況的コンテクストが設定される。状況的コンテクストは、コミュニケーションが成立するための前提をなしているが、コミュニケーションは、みずからの前

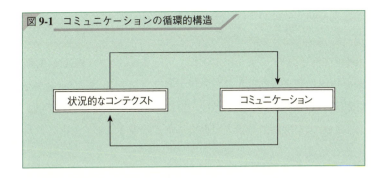

図 9-1 コミュニケーションの循環的構造

提そのものをつくりだしている。それゆえ、ここでは「コミュニケーションをつうじてコンテクストが設定され、そのコンテクストにもとづいてコミュニケーションが行われる」という循環がみられる（➡図 9-1）。

現代社会のコミュニケーション　このようなコミュニケーションの自己準拠的な性質は、近年の「電子メディア」を使ったコミュニケーションのなかでいっそうはっきりと認められる。

　人間は、昔から話し言葉を使ってコミュニケーションを行ってきたが、このようなコミュニケーションは「パーソナル・コミュニケーション」と呼ばれている。パーソナル・コミュニケーションにおいては、①送り手と受け手が直接向き合い、②情報の双方向的なやりとりがなされる。対面的な関係にある送り手と受け手は、状況を共有しているので、それだけ状況的なコンテクストを設定することが容易になっている。状況的コンテクストを設定するには、状況を定義する情報がコミュニケーションをつうじて、送り手と受け手の間で共有されねばならないが、送り手と受け手

第9章　コミュニケーションの自己準拠　149

が状況を共有していれば，それだけ状況を定義することが容易になる。

　そのため，パーソナル・コミュニケーションにおいては，対面的な状況に支えられるかたちで状況的なコンテクストの設定がなされる。ところが，このことは，逆にいえば，状況的なコンテクストの設定が対面的な状況に拘束されるということでもある。対面的な状況は，現実の世界の一部である以上，いくらコミュニケーションをつうじてコンテクストが設定されるからといって，そのコンテクストをまったく恣意的に設定することはできない。

　一方，「インターネット」など，新しいタイプの電子メディアを使ったコミュニケーションにおいては，送り手と受け手は，遠く離れたままで，情報の双方向的なやりとりができる。「コンピュータ会議」では，日常会話以上に，話のコンテクストにかかわる話が多いということが知られている。話の内容を補足するような情報に話が向けられることがよくあるが，それは，パーソナル・コミュニケーションのように，対面的な状況をあてにすることができないからである。このことは，裏返していえば，状況的コンテクストを設定する自由度が高いということでもある。状況的コンテクストは，パーソナル・コミュニケーション以上に，コミュニケーションをつうじて任意に設定されうるのである。

　「コミュニケーションをつうじてコンテクストが設定され，そのコンテクストのもとでコミュニケーションが行われる」という循環的な作用が強まると，それだけコミュニケーションは，いっそう自己準拠的になる。コミュニケーションは，もはや厳格な構造によって前もって決定された過程ではなく，むしろ自己自身の働きをつうじて状況的に決定される過程となる。構造のなかに用

意された多くの選択肢は，自己準拠的なコミュニケーションの過程をつうじて選択されるようになる。

　こうしてコミュニケーションが自分自身の働きをつうじて，みずからを成立させるための前提を幾重にも積み重ねたとき，そうした前提なしには起こりえないようなコミュニケーションが可能になる。つまり，起こりそうもないことが起こるのである。

サマリー＆文献

　この章では，秩序と自由は両立するのかという問題設定のもとで，複雑な秩序がどのようにして形成されるのかをみてきた。秩序をつくるということは，人びとの行動に対して一定の縛りをかけることである以上，秩序と自由は，対立する可能性を秘めている。秩序と自由が両立することは，ありそうもないようにみえる。しかし，秩序化を進めるということは，そのありそうもないことをあるようにすることなのである。

　複雑な秩序とは，無秩序に近づきつつ，無秩序に陥らない秩序である。社会がそうした秩序を形成するためには，不確実性の減少の度合いを高めなければならない。社会が大きな不確実性を抱え，大きな不確実性を減少させることができるとき，起こりそうもないことが起こる。

　とはいえ，複雑な秩序を形成すれば，秩序と自由がかならず両立するのかといえば，そうではない。一見自由にみえる社会でも，そこには目に見えない束縛と拘束が働いていることもある。秩序と自由は，無条件に対立するのではないが，また無条件に両立するのでもない。現代社会は，過去の社会に比べて，より複雑な秩序を形成しているが，そうだからといって，現代社会がより自由な社会であるという保証はない。

このような秩序の問題に関心のある人には、次の文献を紹介しよう。まず、自然の秩序に関しては、①がよいだろう。出版が古いために、入手しにくいかもしれないが、物理学者が一般向けに書いただけに、簡潔でわかりやすい。また社会の選択的な働きに関しては、この章でも言及したように、②と③を読むのがよい。また、社会の自己組織性については、④⑤⑥が参考になるだろう。

① 清水博［1987］，『生命システムと情報』NHK市民大学テキスト
② ルーマン，N.［1983］，『法と社会システム』土方昭監訳，新泉社
③ ルーマン，N.［1993, 95］，『社会システム理論』上下，佐藤勉監訳，恒星社厚生閣
④ 山内靖ほか編［1994］，『岩波講座社会科学の方法10 社会システムと自己組織性』岩波書店
⑤ 吉田民人［1990］，『自己組織性の情報科学』新曜社
⑥ 今田高俊［1986］，『自己組織性』創文社

――――――――正村俊之 ◆

第10章 社会のなかの権力

姿を見せる権力／姿を見せない権力

　権力といえば，私たちはすぐに「強制力」を思い浮かべる。たしかに，近代国家の特徴の1つは常備軍を備え，物理的暴力を独占している点にある。国家には，まわりの反対を押し切ってでも，国家の意思を貫徹させるだけの力が備わっている。今日，最大の軍事力を有するアメリカ（写真）は，世界に対して巨大な権力を行使している。

　けれども，権力を保有しているのは国家だけではないし，また権力はつねに強制力としてあらわれるわけでもない。権力とは，そもそもどのような力であり，どのような働き方をするのであろうか。

日本の権力——姿を見せない権力

1970年代から80年代にかけて、日本は、経済大国として世界の注目を集めた。オイルショックをきっかけに、他の先進国が経済的な停滞に陥るなかで、日本は、比較的高い経済成長率を実現した。ところが、80年代後半になると、日本を見つめる世界の目が変わりはじめた。一時は、海外から多くの人たちが「日本的経営」を学ぶために日本を訪れたが、いざ「日本的経営」を自国に持ち帰って生かそうとすると、うまくいかないケースが多かった。また、経済大国としての日本は、政治の面でも世界から大きな期待を寄せられたが、その期待に応えるだけの政治的なリーダーシップを発揮することができなかった。

こうしたことから、日本をもう一度見直すべきではないかという風潮が生まれてきた。日本が政治的リーダーシップを発揮できないのは、日本の社会のしくみそのものに問題があるのではないかという意見が出されたのである。このような考え方は「日本見直し論」と呼ばれているが、その立場を代表しているのが、K. v. ウォルフレンである。彼は、『日本／権力構造の謎』という書物のなかで、日本の権力のあり方に着目し、日本社会の異質性を強調した。

ウォルフレンによれば、日本は、西欧の先進国と同様、近代国家としての外観を呈しているが、その実体は、外観から大きくかけ離れている。国会の審議は、民主主義的な雰囲気をつくりだすためのパフォーマンスにすぎないし、日本の首相の権力は、欧米やアジアのどの政府の首長のものよりも弱い。かといって官僚が実質的な権力を握っているのかといえば、そうでもない。官僚間には強烈な対抗意識が働いているために、官僚が国の統一的な政

策決定に対して全般的な支配力を及ぼすことはできない。

要するに、日本は中央集権的な体制をとっているにもかかわらず、政治の中核となるものが見当たらない。日本の権力は、「姿を見せない権力」として作用しているというわけである。

象徴天皇制は戦後のものか

ウォルフレンの考え方には、もちろん誇張や誤解が含まれているとはいえ、うなずける面もある。というのも、過去の歴史をふりかえってみると、日本では「姿を見せない権力」が働くという傾向は、時代を超えてみられるからである。

たとえば、平安後期には、制度のうえでは「天皇」が依然として最高の権力者であったにもかかわらず、天皇の地位を退いた「上皇」ないし「法皇」が実質的な権力を握っていたし、戦後の象徴天皇に比べて、戦前の天皇には大きな権限が与えられていたとはいえ、その権限を行使することは容易ではなかった。日本は、20世紀半ばに、太平洋戦争に突入した。その開戦の決定を下したのは、天皇を最高責任者とした「御前会議」であったが、この会議では、天皇以外の者によって策定された計画案が提出され、ほとんど実質的な審議を経ないまま承認されたのである。

戦後、天皇制は「象徴天皇制」となったが、歴史学者のなかには、天皇はもともと象徴的な存在であったと主張する人すらいる。後醍醐天皇のように、天皇みずからが執政にあたったケースは、むしろ例外的であったというのである。この「天皇不親政論」が正しいかどうかは議論のわかれるところだが、それを別にしても、天皇が通常のイメージでとらえられるような絶対的な権力者として君臨していたのでないことは、恐らく間違いない。

第10章　社会のなかの権力

日本の社会では，制度（建前）とその運用（実体）の間にズレがあり，そのために社会は，しばしば「姿を見せない権力」によって動かされている。もちろんそうだからといって，日本人の背後に「何者」かが存在し，その「何者」かが「姿を見せない権力」を使って日本の社会を動かしているのではない。日本の社会を動かしているのは，あくまでも日本人である。しかしそれにもかかわらず，日本人にとっても，だれが社会を動かしているのかわからないようなしくみができあがっているのである。

　この章では，このような日本の権力の謎に迫ってみよう。そこでまず，「姿を見せる権力」とはどのような権力であるのかをみておこう。ウォルフレンが日本の「姿を見せない権力」に驚きを覚えたのは，「姿を見せる権力」を権力の本来のあり方とみなしていたからである。彼は，「姿を見せる権力」を前提にして日本の権力現象をとらえていたのである。

強制力としての権力

　前章で述べたように，人びとが銘々勝手にふるまっている場合には，社会秩序というものは成立しない。人びとの選択が有機的に結びつけられたときに，はじめて社会秩序が成立する。社会秩序が形成されるためには，コミュニケーションが必要であるが，コミュニケーションが行われさえすれば，社会秩序が成立するわけではない。

　たとえば，教室内が騒然となっているとき，1人の生徒が「全員静粛に！」と叫んでも，だれもそれに従わないかもしれない。生徒たちは，相変わらず好き勝手なことをやっているかもしれない。どのようなコミュニケーションにおいても，情報が受け手に伝達されたからといって，そのまま受容されるとはかぎらない。

受け手は,情報を受容するか否かを選択できる以上,コミュニケーションには,拒否される可能性がつきまとっている。

したがって,人びとの選択を結びつけ,自分の選択が同時に相手の選択になるようにするためには,情報がコミュニケーションをつうじて伝達されるだけでなく,相手に受容されなければならない。社会には,話し言葉やマスメディアのように,情報の伝達を可能にしているメディアのほかに,情報の受容を促すメディアが存在している。そうした情報の受容を促すメディアのひとつが権力にほかならない。

教師が「全員静粛に!」といえば,生徒は静かにする(はずである)が,それは,教師が自分の言葉を生徒たちに受け入れさせるだけの権力をもっているからである。この場合,権力は,他者に対する強制力として作用する。社会学者にウェーバーという有名な人がいるが,彼は,権力を「社会関係のなかで抵抗に逆らっても自己の意思を貫徹するあらゆるチャンス」と定義した。ウェーバーのいう権力は,文字どおり強制力としての権力をさしていた。

強制力としての権力は,一見「どこでもたやすく」成立するようにみえるが,実際にはそうではない。というのも,好き好んで他人の命令に従う人はいないからである。だれもが他人の命令に従いたくないと思っているにもかかわらず,強制的な権力が成立している。このことは,よく考えてみれば,不思議な現象なのである。

物理的暴力によって権力を支える

強制力としての権力を可能にする要因としては,少なくとも2つのものが考えられる。1つは,「物理的暴力」である。教

師が「言うことを聞かないとぶんなぐるぞ！」という脅しによって命令に従わせる場合には、「体罰」という物理的暴力が教師の権力を支えている。ここでは、生徒は、教師の命令に従わないと、もっとつらい目にあうので（すなわち静粛にしないと体罰を加えられるので）、仕方なしに教師の命令に従っているのである。

　物理的暴力に支えられた権力の典型的なケースは、何といっても国家権力である。国家は、警察力というかたちで物理的な暴力を組織し、国家の意思にさからう者に対しては、物理的暴力を使ってでも、その抵抗を排除することができる。日本でも、このような国家権力をみることができる。1960年、「日米安全保障条約」を改定しようとする政府に対して、大衆は大規模な抗議行動を起こしたが、政府は、国会に乱入しようとするデモ隊に対して、機動隊を動員して鎮圧をはかった。ここでの国家権力は、まさに物理的暴力としてあらわれている。

　権力は、このように物理的暴力によって支えられ、またときに物理的暴力としてあらわれる。しかし、物理的暴力というかたちで権力を行使する方法は、日常的に使えるものではない。というのも、強制自体が人びとにのぞまれていないというのに、物理的暴力によって強制することは、もっとものぞまれていない方法を使うことになるからである。このようなやり方では、権力の実効性を安定的に保つことはむずかしい。それゆえ、物理的暴力という方法は、いわば「最後の切り札」として残しておかねばならない。

> **正当性の観念によって権力を支える**

権力を支えるもう1つの基盤は，権力の「正当性」である。ある命令が正当であるならば，のぞむとのぞまざるとにかかわらず，人びとはその命令に従うことになる。教師が生徒に対して権力を行使できるのは，体罰という脅しによることもあるが，それ以上に「教師の言うことは正しいはずだ」という「正当性」の観念にもとづいている。この正当性の観念が生徒の意識のなかにあるかぎり，教師の命令がたとえ誤った命令であったとしても，生徒は教師の命令に従うだろう。また，国家がいくら強大な物理的暴力をふるえるからといって，「正当性」の観念に裏づけられていなければ，国家権力を貫徹することはむずかしい。国家権力が不当なものであれば，国家権力に対する抵抗もそれだけ激しさを増すからである。民衆の抵抗運動によって国家が転覆されるケースは，数限りなくある。

このように強制力としての権力は，物理的暴力を最終的なよりどころとしながらも「正当性」の観念に支えられている。

> **3つの正当的支配**

そうなると，問題は，権力の行使をどのようなかたちで正当化するのかということになる。ウェーバーは，命令を下す者と命令に従う者との間に成立する支配関係を権力関係の一種としてとらえたうえで，支配関係（権力関係）を正当化する方法として，「伝統的支配」「カリスマ的支配」「合法的支配」という3つのタイプをあげた。

今日の多くの社会では，「伝統」は，以前ほど人びとの行動を拘束するだけの力をもっていないが，かつては，昔から受け継がれてきた伝統は，それ自体価値をもっていた。伝統が息づいてい

た社会では，伝統に従っているかぎり，支配者は，自分の命令を人びとに受け入れさせることができた。このように伝統の権威をかりて正当化される支配が「伝統的支配」である。

　伝統的支配が行われている社会では，伝統を維持することがのぞましいと考えられているので，社会を意図的に変革することは困難である。そうした社会に変革をもたらしたのが，「カリスマ的支配」である。カリスマとは，特別な人間のみがもちうる特異な資質や才能をいうが，そうした特異な資質や才能をもった人をさすこともある。昔でいえば，イエスやマホメット，もっと新しいところでは，ドイツ人を扇動したヒットラー，そしてオウム信者にとっての麻原彰晃などが典型的なカリスマといえよう。

　ひとたびカリスマが登場すると，人びとはカリスマに絶対的に帰依し，カリスマの言うことなら絶対的に正しいと信ずるようになる。このとき，カリスマは，意のままに命令を下し，人びとを自由に動かすことができる。カリスマ的支配が成立すると，伝統やその他の規範は一切意味を失い，カリスマがのぞむような秩序が創造される。その意味で，カリスマ的支配は，革命的な性格を帯びているが，ひとたびカリスマが死ぬと，支配のよりどころを失って衰退してしまう。

　近代社会においても，伝統的支配やカリスマ的支配が出現する余地が残されているが，それとは別の支配が成り立っている。それが「合法的支配」である。近代に至ると，法は，伝統や自然から切り離され，人間の意志にもとづいて人為的に形成されるようになった。そのため法は，必要とあらば，いつでも変更することができる。合法的支配のもとでは，被支配者だけでなく，支配者も法に従わなければならないが，法に従っているかぎり，支配者

の命令は，正当な命令として受け入れられる。

このように支配を正当化するしかたには，いくつかのタイプがある。ウォルフレンの念頭にあったのは，西欧近代社会のなかで確立された「合法的支配」であり，そのもとで働く強制的な権力であった。だからこそ，彼は，「法にてらした正当性もない」日本は異質であると主張したのである。合法的な支配のもとでは，法によって権力の行使が制限されるかわりに，その正当な範囲内においては，権力の自由な行使が認められている。それゆえ，合法的な権力は，「姿を見せる権力」として作用するのである。

日本でも，強制的な権力が存在しているとはいえ，そうした権力をもってしては，日本の権力現象の全体をとらえることはできない。そこで今度は，それとは別の権力の働き方についてみてみよう。

稟議制という意思決定制度

この章のはじめに，太平洋戦争開戦に関する話を紹介しておいた。天皇は，個人的には日米開戦に関して（反対とまではいかないにしても）慎重な意見をもっていたが，御前会議では，実質的な議論もないまま開戦の決定が下された。天皇は，御前会議の最高責任者でありながらリーダーシップを発揮できなかったが，その背景には，「稟議制（りんぎせい）」という日本的な意思決定のしくみがかかわっていた。日本でも，政府や企業は「官僚制組織」という西欧的な形態をとっているが，そこでは，独特の意思決定の方法にもとづいた運営がなされている。

官僚制組織というのは，たんに財務省や厚生労働省といったお役所をさしているのではない。今日であれば，官庁・企業・学

第10章 社会のなかの権力　161

校・病院をとわず,大規模な組織であれば,どれもこの形態に属している。ウェーバーは,「官僚制支配」を合法的支配の純粋型として位置づけたが,その理由は,官僚制支配が合法的支配よりも規則による支配をいっそう徹底させている点にある。

　官僚制組織のなかでは,ピラミッド型の地位・役割の体系が確立されており,地位に応じてどのような役割を果たすべきかが規則によって定められている。そして,組織のトップは,組織のなかで最大の権力を握っており,規則に定められた範囲内で,権力を自由に行使することができる。トップの命令は,次々と下々に伝達され,組織のメンバー全員がその命令に従って動くことになる。これが,西欧の官僚制組織の姿である。

　一方,日本では,多くの組織が官僚制組織でありながら,その運営のしかたは,西欧の場合と同じではない。日本の組織では,意思決定を行うさい,組織のトップやその側近の者が原案を用意するのではなく,決定権もない末端のメンバーが起案者として稟議書を作成することがある。「稟議」というのは,下の者が上の者に対して「おそるおそる尋ねる」という意味をもち,「稟申」「伺」ともいう。

　図 **10-1** に示されるように,稟議書は,順次下の者から上の者に回される一方で,さまざまな関係部局にも回される。稟議書に目をとおして承認した人は,そのつど「ハンコ」を押していく。こうして稟議書は,最後に組織のトップのところにいく。稟議書を承認するか否かを決定する最終的な権限はトップにあるが,トップはこの長い一連の意思決定をそのまま承認するのがふつうである。

　日米開戦を決定した御前会議も,この稟議制のプロセスに従っ

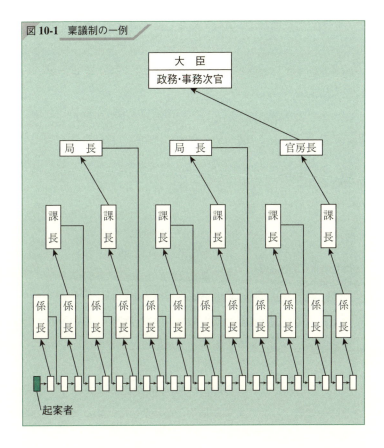

図 10-1 稟議制の一例

ていた。御前会議での原案を策定したのは，天皇でも，陸軍・海軍の最高幹部でもなく，下級もしくは中堅クラスの官吏であった。日米開戦に対して懸念を抱いたのは，天皇だけでなく，海軍の最高幹部のなかにもいた。開戦前，近衛首相から勝算の見込みを聞かれた山本五十六は，「はじめの半年や1年は，ずいぶんと暴れて御覧に入れます。しかし2年3年となっては，まったく確信はもてません」と答えた。日米に国力の差があることを承知して

いた山本は,長期戦になれば,日本に勝ち目がないことを薄々感じていたのである。一方,開戦の原案を策定したのは,国力の差を知らないまま日本的ナショナリズムに走った青年官吏や青年将校たちであった。

このように稟議制においては,制度のうえでは組織がトップの指示で動かされるはずなのに,実際には,決定権のない人によって動かされてしまうことが起こりうる。つまり,制度（建前）とその機能（実態）が乖離する可能性があるわけである。それならば,日本の組織は,どうして稟議制を採用しているのであろうか。

日本と西欧における官僚制組織の違い

日本と西欧の官僚制組織を比較してみると,意思決定の方法が違うだけでなく,規則のあり方にも違いがある。西欧に比べて,日本の官僚制組織のなかでは,規則は曖昧に規定されており,メンバーの役割もかならずしも厳格に定まってはいない。

一昔前のことだが,ある日本人がドイツのレストランに入って料理を注文したが,いくら時間がたっても料理がでてこないので,ついに業を煮やしてウェイトレスを呼びつけた。すると,彼女はこう答えた。「お客様の注文を聞いたウェイトレスは,急用のため帰りました」。ドイツでは,ウェイトレスの担当するテーブルが決まっており,それぞれ他人の領分を侵さないことになっていた。そのために料理がでてこなかったのである。

こうしたことは,日本ではとても考えられない。たとえ担当のテーブルが決まっていても,ウェイトレスが途中で帰れば,ほかの人が気をきかせて仕事をやってくれる。日本電気（NEC）の社長であった関本忠弘によれば,日本では,出張するとき「あとは

よろしく」と一言いっておけば,部下が自分の代わりを務めてくれるが,外国ではそうはいかない。外国人の部下に「1つ1つ指図しておかないと」仕事をやってくれないという。

　西欧のように,組織の規則が厳密かつ詳細に規定されていれば,それだけ権力が働く範囲も明確に限定される。上司と部下は,いったん組織の外に出てしまえば,もはや上司と部下の関係ではなくなり,対等な市民の関係になる。それゆえ,組織の外では,上司が部下に命令を下すことはできない。ところが,日本では,命令を下せる範囲とそうでない範囲との境目は,それほどはっきりしていない。会社の上司から「日曜日ゴルフに行かないか」と誘われれば,部下はなかなか断れない。それは,組織を離れても上司と部下の関係が続いているからである。

　組織の規則が曖昧であればあるほど,権力の働きは,それだけ無限定的になる。しかしそれにもかかわらず,日本の権力は,西欧に比べて強大化しているわけではない。これまで述べてきたように,強制的な権力を成立させるのは容易なことではない。西欧では,権力の働きは規則によって保証されるかわりに,明確に限定されている。これに対して,日本では,権力をスムーズに働かせるうえで,規則の曖昧さを埋め合わせる何かが存在していなければならない。その1つが,稟議制にほかならない。

権力の姿を見えないようにするしくみ

　日本の組織のなかでも,組織の意思を決定する権限は末端の者にはない。そうである以上,稟議書を作成する者は,自分の個人的な判断に従ってはならない。その者は,あくまでも組織のトップになりかわって判断する必要がある。「組織のトップは

何をのぞんでいるのか、どのような意思決定を期待しているのか」、それを考えながら稟議書を作成しなければらない。

　社長が会社を留守にするとき、「あとはよろしく」の一言ですむのは、社長の代わりを務めることが日常的に要求されているからである。規則が曖昧な日本の組織のなかでは、融通をきかせながら仕事をするのが一般的になっているが、相手の代わりを務めるという行動様式は、稟議制を有効に機能させる不可欠の要素なのである。

　そして末端の者がトップの意思を反映するかたちで稟議書を作成した場合には、トップは、強制的な権力を発動させることなく、みずからの意思を貫徹している。なぜなら、トップが強制的な権力を行使するまえに、末端の者は、トップの意思を読み取り、それをみずからの意思として選択しているからである。ここでは、権力は末端の者によって先取りされたかたちで行使されており、そのために権力の強制的な性格があらわになることはない。

　しかも、制度（建前）のうえでは、末端の者はトップの代行者として意思決定を行っているにもかかわらず、実際には、そこに自分自身の個人的な判断が入り込んでくる可能性がある。本人は、あくまでも「トップの意思」だと思っても、客観的にはトップの意思と食い違っていることもある。そうなると、組織の意思決定を行った者がだれなのかが、わからなくなってしまう。稟議書の作成は、末端の者の個人的な意思にもとづくものでも、またトップの意思にもとづくものでもないが、それでいて稟議書は、組織の意思として採択されるのである。御前会議の稟議書を策定した者は、開戦することが天皇の意思であり、日本国民の意思であると判断したのかもしれない。

いずれにしても，稟議制のもとでは，権力の強制的な性格が隠されているだけでなく，権力を実際に行使しているのがだれなのかもわからなくなってしまう。稟議制は，強制力としての権力を表面化させないようにするという点では，きわめて巧妙な社会装置であるが，その反面，権力の行使主体や責任の所在を曖昧にしてしまう。ウォルフレンが問題にしたのは，そうした側面であった。

> **権力は社会や文化によって異なる**

　稟議制がうまく機能するためには，先に述べたように，「相手の代わりを務める」という他者配慮的な行動様式が組織のメンバーの間に広く浸透していなければならない。これまで稟議制が採用されていたのは，日本の社会や文化のなかに，このような行動様式を支える条件が備わっていたからである。相手に対して気をくばり，相手の期待にこたえることが日常生活のなかで強く求められている。

　日本人のこうした行動様式を示すエピソードとして，こんな話がある。日本人の女子留学生がアメリカ人の家に滞在したときのことである。彼女は，たえず相手の言葉の言外の意味を汲みとろうとした。アメリカ人が「庭に枯れ葉が落ちている」と言えば，「枯れ葉を掃かなければいけないのではないか」と思い，万事その調子で応対したために，ついにノイローゼになってしまった。このアメリカ人は，もしかすれば「枯れ葉が落ちている」という事実を述べたにすぎないのかもしれない。そうであれば，彼女は，気をまわし過ぎたことになる。

　だが，日本では，対人関係のなかでこのような接し方が要求さ

れているのであり、そうでないと、社長が「あとはよろしく」といっただけではすまないのである。稟議制は、このような他者配慮的な行動様式に支えられて機能しうる。したがって、稟議制のもとで働く「姿を見せない権力」は、日本人の対人行動を規定する社会的・文化的な風土にねざしている。どのような権力も、他の社会的・文化的な条件から独立に働くのではなく、社会の制度と深くかかわっている。ウォルフレンが権力の本来的な姿とみなしたのは、合法的支配を前提にした「姿を見せる権力」であった。このような権力は、西欧社会のなかで確立された制度的な権力であった。

しかし近年では、西欧社会においても、これとは異なるタイプの権力が注目されるようになってきた。ウェーバーの権力論は、権力論のいわば古典にあたるが、その後の権力論は、ウェーバー的な見方ではとらえきれない権力の側面を把握しようとしている。その最たる例は、フランスの哲学者 M. フーコーの権力論である。

これまで考えられてきた権力は、他者の意思を否定し、上から下に流れる権力であったが、フーコーによれば、それとは逆の権力すなわちポジティブ（積極的・肯定的）で、下から上に向かうような権力も存在しているという。フーコーは、近代的な制度に裏打ちされた国家権力というマクロな権力とは対照的に、社会制度をつくりあげていくような多様なミクロの権力に着目したのである。

「姿を見せる権力」が西欧に固有なものでないのと同様、「姿を見せない権力」も日本に固有なものではない。ここでは、「姿を見せない権力」を稟議制という日本的な意思決定制度に関連づけてとらえたが、この権力は、別の条件のもとで、別のかたちで働

くこともある。いずれにしても，権力のあり方は，それを規定する社会的条件に応じて異なってくる以上，さまざまな社会制度とのかかわりのなかで把握する必要がある。

サマリー&文献

この章では，「姿を見せる権力」（強制力としての権力）と「姿を見せない権力」を，西欧と日本の比較をとおしてみてきた。2つのタイプの権力は，西欧と日本のいずれにもみられるが，その重要性やあらわれ方は同じではない。また同じ社会でも，時代が移り変わり，社会の状態が変化すれば，権力の働き方も異なってくる。

権力論の歴史をふりかえってみると，西欧社会では，まず「姿を見せる権力」（強制力としての権力）が認識され，やがて「姿を見せない権力」が認識されてきた。「姿を見せる権力」「強制的な権力」だけが権力なのではない。それ以外のタイプの権力も存在するのであり，そのことをしっかり頭に入れておかねばならない。

①は，「姿を見せる権力」「強制的な権力」を説明した権力論の古典である。一方，新しい権力論を提示したものとして，次のものがあげられる。まずアメリカの社会学者パーソンズが書いた②は，組織や集団の目標達成という観点から権力を論じたものである。またドイツの社会学者ルーマンが書いた③は，権力をコミュニケーション・メディアとしてとらえたものである。そして，④は，先に紹介したフーコーの著作である。

ついでに，日本社会のしくみについて論じた文献をいくつかあげておこう。ウォルフレンが書いた⑤は，賛成するか反対するかは別にして，一読の価値があるだろう。また稟議制についてもっ

と知りたい人は，⑥を読むのがよいだろう。また日本社会のしくみ全体を深く知りたければ，⑦を参考にしてほしい。

① ウェーバー，M.［1960, 62］,『支配の社会学』Ⅰ・Ⅱ，世良晃志郎訳，創文社
② パーソンズ，T.［1973, 74］,『政治と社会構造』上下，新明正道監訳，誠信書房
③ ルーマン，N.［1986］,『権力』長岡克行訳，勁草書房
④ フーコー，M.［1986］,『性の歴史』Ⅰ，渡辺守章訳，新潮社
⑤ ウォルフレン，K.v.［1990］,『日本／権力構造の謎』上下，篠原勝訳，早川書房
⑥ 辻清明［1969］,『日本官僚制の研究』新版，東京大学出版会
⑦ 正村俊之［1995］,『秘密と恥』勁草書房

第11章 不平等と正義

格差の拡大，それとも縮小

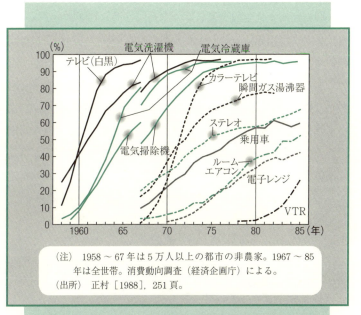

(注) 1958～67年は5万人以上の都市の非農家。1967～85年は全世帯。消費動向調査（経済企画庁）による。
(出所) 正村［1988］，251頁。

　この図は，戦後日本社会における耐久消費財の普及状況を示したものである。昭和30年代（1950年代後半～60年代）は，家電ブームといわれた。テレビ（白黒），電気洗濯機，電気冷蔵庫が「三種の神器」と呼ばれ，各家庭に急速に普及していった様子が，この図からもわかる。それまでぜいたく品と思われていたものが必需品化していったのである。あの高度経済成長によって日本社会は「ゆたかな社会」になっていったが，そのプロセスのなかで格差は拡大したのだろうか，それとも縮小したのであろうか。不平等の問題と関連づけながら考えてみよう。

社会に構造はあるか

建物や機械には構造がある。ビルであれば、何階建てであり、各階がどんな使われ方をしているかが構造であり、機械であれば、どんな部品から構成されており、部品の素材は何であるかということが構造である。建物や機械の構造は、写真にうつせるから、可視的である。

人間の行為や社会的な事象は、完全に可視的ではないから、構造はないようにみえる。しかし人間の行為や社会的な事象には規則性があるから、それを正確にとらえ、多くの人に理解可能なものにすることによって、構造を発見することができる。もっともわかりやすい例は、人間の言語行為である。言語行為を文字によって表現し、単語間の関係を眺めていくと、そこには一定の規則があることがわかる。これが文法である。この一定の規則が構造であるから、文法は文法構造ともいわれる。言語行為に文法構造があるとすれば、人間関係や社会の動きにも、一定の規則やパターンがありそうである。

『サザエさん』にみる日本の理想の家族

戦後の大衆文化を担ったものに漫画があり、その代表作の1つが『サザエさん』である。『サザエさん』が戦後60年もの間、日本人をひきつけている理由は、原作者長谷川町子の漫画家としての傑出した才能に負う部分と、サザエさん一家の家族構成のユニークさとにある。サザエさん一家は、磯野家の波平、フネ夫婦の長女であるサザエさんの夫がマスオさんであり、マスオさんは養子ではないが、磯野家に同居しており、サザエさん夫婦の子どもとしてタラちゃんがいる。そしてサザエさんの弟妹であるカツオとワカメがいて、楽しい家庭生活がなされるという構成に

なっている。

　サザエさん夫婦は3世代同居であり，しかも長女夫婦との同居であるため，嫁と姑の対立もない。1980年代後半から「マスオさん現象」という流行語が生まれたのも，若い夫婦が親との同居を選択する場合，妻の両親との同居を希望しているからである。サザエさんは「女性はお嫁に行き，実家を離れる」という日本の伝統的な家族の形態とは異なっていたが，戦後社会において，日本人の家族の理想像を描いていたから，多くの日本人に好感をもってむかえられたのである。

　20世紀を代表するフランスの人類学者C.レヴィ－ストロースは，名著『親族の基本構造』(1949年) において，親族には，女性の交換を中心とする婚姻の規則があり，この婚姻規則によって親族内の関係には秩序が保たれており，この秩序が親族の構造であり，多くの部族社会は親族の構造を中心に構成されているとした。言語行為が文法によって文の構造を生成するのと同様に，婚姻規則が親族に秩序を与えているとすれば，親族にも構造があるといえる。サザエさんのように夫（マスオさん）が妻の実家に居住する家族や，レヴィ－ストロースのいう女性が交換される部族といった事例は，集団を移動するのが男性なのか，それとも女性なのかという違いはあるものの，親族が構造をもっていることを私たちに示している。

社会構造とは

　人間の言語行為や，サザエさんによって描きだされる家族から明らかになるのは，人間関係や社会の動きには，規則性もしくはパターンがあることだ。この規則性もしくはパターンを社会構造という。社会構造を

厳密に定義すると，つぎの2つのことを意味している。1つは人間関係および社会的資源配分の定型化されたパターンのことであり，もう1つはこの人間関係および社会的資源配分のパターンを生みだす原理のことである。

　ここで人間関係の定型化されたパターンとは，行為者間に役割関係もしくは地位関係が成立していることである。近代的な企業であれば，企業内の地位に対応してその人の行為が決まってくるし，前近代的な社会では，伝統や慣習によって，あるいは身分によってその人の行為が決まってくる。つぎに社会的資源とは，社会の活動に使用される財の総称であり，経済の領域で用いられる物的資源，政治の領域で用いられる権力，文化の領域で用いられる知識などからなる。社会的資源配分の定型化されたパターンとは，たとえば株式会社であれば，半年間もしくは1年間の会社の業績に応じて，株主は配当を受け取ったり，受け取らなかったりすることであり，従業員の給料が給与体系によって決まってくることである。

　人間関係および社会的資源配分のパターンを生みだす原理としては，たとえばわが国固有のものとして年功序列の規範や性別（男尊女卑）の規範があり，近代西欧社会に由来するものとして平等主義や業績主義の理念がある。平等主義および業績主義は，近代社会の構造を支える中核的な理念である。そこでこれら2つの理念を，社会階層と不平等という観点から考えてみることにしよう。

社会構造の1つとしての社会階層

社会的資源の多くは稀少であるという性格をもつ。そのため社会的資源を社会全体にどのように配分するかがきわめて重要になってくる。どのような配分原理にもとづくにせよ、稀少性ゆえ、社会的資源は不均等に配分される。その結果、社会全体では、社会的資源を多く保有する人とそうでない人が生みだされる。いわゆる「持つ者」と「持たざる者」との発生である。社会的資源が不均等に配分され、格差が生じている状態を、社会階層もしくは階層構造という。社会階層は、社会構造の一部をなしており、社会を安定化させる要因にもなれば、逆に不安定化させる要因にもなる。たしかにあまりに格差の大きい社会では、下層の人たちの不満が醸成されて、現体制を崩壊させるエネルギーとなるだろう。他方、若干の格差があっても、努力によって上の階層に立身出世できるならば、多くの人にとって、その社会は「努力すればナントカなる社会」（佐藤［2000］）とみなされて安定化するであろう。

格差のあることがすべて社会不安の原因になるわけではない。社会の構成員によって、公正な格差とみなされるか、それとも不平等・不公平な格差とみなされるかどうかがポイントである。たとえば相撲やプロ野球といったプロスポーツの世界では、相撲の番付によって給料に差があることや、1シーズンの成績のよかった野球選手が、そうでない選手よりも高い年俸をもらうことは、当然のこととされている。この例から明らかなように、ここでは、格差と不平等とは概念的に異なるものだということをまずおさえておこう。

属性主義と業績主義　社会的資源を配分する原理として、属性主義と業績主義という対照的な2つの原理がある。属性主義とは、本人の努力によって変更することが困難な属性によって地位が与えられることである。たとえば、血縁、門閥、性別、人種、宗教によって地位が与えられることがこれである。これに対し、業績主義とは、個人の能力・実績によって地位が与えられることであり、実力主義といわれるものである。先ほどふれたプロスポーツの世界は、業績主義のみで成り立っている世界である。

前近代社会は、その特色がカースト社会や身分制社会であったことに明らかなように、属性主義の支配する社会であった。これに対し、業績主義は、近代社会が生みだした原理である。社会を活性化させる、とりわけ近代資本主義を発展させる（＝企業の生産性を高める）ためには、属性に関係なく、実力のある人を適材適所に配置することが必要不可欠であり、そのような時代の要請に合致した原理が業績主義だったのである。

ただし近代産業社会が、業績主義を称揚する社会であるからといって、近代社会から属性主義の原理が完全になくなってしまったわけではない。たとえば医師を職業としている人、とりわけ開業している医師は、子どもがいれば、その子どもに受験勉強を強いて、医学部に入学させる傾向が強い。その結果、親の跡を継いだ町医者というのは、日本社会ではよく見られる光景である。この例などは、現代社会において属性主義と業績主義がミックスした典型である。

> **カステラを切り分ける**

社会的資源配分の平等性ということを、きわめて単純な例で考えてみよう。ここで考えるのは、カステラを、A、B、Cの3名に切り分けるという例である。この場合、3名の体重は、A 100kg、B 60kg、C 40kg とする。平等な切り分け方として、つぎの2つの解答が考えられる。

（解答①）　3等分する。1：1：1に分ける。

1	1	1

（解答②）　体重に応じて、5（100kg）：3（60kg）：2（40kg）に分ける。

5	3	2

多くの人がまず思いつくのは、解答①であろう。平等ということで、すぐ考えるのは、各自の取り分を等しくするということである。しかるに少し考えて、食物の量は体重に比例しているから、各自の取り分は体重に比例させてこそ平等であると考えると、解答②のほうが平等ということになる。ここでは、解答①と解答②のどちらが優れているかについてこれ以上論じない。しかしこのような単純な例からも、平等について、複数の考え方があることがわかるし、どのような状態を平等な状態と定義するのかがきわめて難しいことが明らかになる。

> **機会の平等・結果の平等・集団的平等**

社会階層論の研究では、これまで平等の考え方として、機会の平等・結果の平等・集団的平等という3つが考えられて

第11章　不平等と正義

きた。

　機会の平等とは、社会のすべての構成員に、社会のさまざまな活動へ参加する権利を与えることであり、選挙権（1人1票の投票権）、婚姻の自由、職業選択の自由、移動の自由、言論の自由などが代表的である。また教育機会の平等は、公教育が義務教育制度になることによって実現されていった。これらの例から、機会の平等は、近代社会初期の平等の理念を示したものである。

　結果の平等とは、機会の平等のもとで、人びとがさまざまな活動を行った結果、格差が生まれる、この格差を縮小しようとするものである。具体的な制度として、累進課税制度や社会保障制度がある。これらの制度は、国や地方自治体が所得の再配分によって、格差の是正をするものである。結果の平等は、機会の平等の弊害を除去するものとして、近代社会後期に登場した理念であるし、福祉国家の考え方に結びついている。

　集団的平等とは、社会のなかで不利益を蒙っている集団を優遇し、集団間の格差を是正しようとするものである。もっとも有名なものは、アメリカにおいて、黒人やエスニックマイノリティに優先的に教育機会を与え、教育達成の格差を縮小するために実施されているアファーマティブ・アクション（affirmative action：積極的格差是正措置）である。近年、わが国の官公庁や大学でも、女性職員や女性教員を積極的に採用し、職場における女性の比率を高める努力がなされている。これも性差による格差を是正するものであるから、集団的平等をめざしているといえる。

　これらの平等の3つの考え方のなかで、機会の平等が、競争原理とペアになっていることは明らかである。これに対し、結果の平等と集団的平等は、機会の平等がもたらす格差を、事前に予防

したり，事後に緩和したりしようとするものである。したがって，一方での機会の平等と，他方での結果の平等および集団的平等とを両立させるためには，競争をどこまで許容するかということが重要になってくる。努力した人や実績を上げた人に，より多くの報酬を与えつつも，報酬の少ない人が暮らせるような社会でなければならないし，何よりも格差の実態が，下層の人たちも納得するようなものでなければならないであろう。

社会移動

結果の平等および集団的平等が，格差の縮小は社会の安定に必要不可欠だという，社会の必要性の観点から要請される原理であるのに対し，機会の平等は，個人行為者に活動へ参加する喜びと意欲を生みだすとともに，個人の貢献に応じて報酬を与えるものであるから，個人の欲求充足の観点から要請される原理である。もちろん個人行為者の欲求充足が十分になされれば，その結果として社会が安定することは明らかであろう。

機会の平等の原理が有効に機能するには，努力した人もしくは実績を上げた人が地位達成できるメカニズムを，社会はもちあわせていなければならない。このメカニズムが，近代社会における社会移動という装置である。社会移動とは，個人の社会的地位が，異なる時点間で変化することをいう。より高い地位を獲得することを，上昇移動といい，より低い地位になることを下降移動という。近代産業社会が，業績主義を中核的な原理とする限り，階層間の移動が活発に行われる。

アメリカ社会における「アメリカンドリーム」という言葉は，自由な競争のもとで，不撓不屈の精神で刻苦勉励し，功成り名を

遂げることを象徴的に表現している。たとえば不良少年からメジャーリーグのホームラン王になったヤンキースのベーブ・ルースや，ニューヨークに来たときにはポケットには数セントしかなかったにもかかわらず，大エンターテナーとなったマドンナや，コンピュータのオペレーティングシステム（OS）である Microsoft Windows を開発し，世界一の大富豪になったビル・ゲイツは，まさしく「アメリカンドリーム」の体現者である。

　たしかに競争のあまりに激しい社会は，その社会に生きる人にとって，大きなストレスを与えるから好ましいものではない。しかし，「努力すれば，地位上昇できる」社会でなければならないことも事実だ。

格差と不平等

　それでは戦後日本社会において，どの程度平等は実現されたのだろうか。違った言い方をすれば，戦後日本社会にはどの程度の格差があり，その格差は縮小したのだろうか，それとも拡大したのだろうか。この問題を考えるにあたり，まず格差と不平等という言葉を明確に定義しておこう。格差とは，すでに述べたように，社会的資源の保有に違いがあることや，教育機会や就業機会に差があることを，事実判断として述べた言葉である。これに対し，不平等とは，差があることをのぞましくないこととして，ネガティブに評価し，不平等は解消されなければならないという価値判断を含んだ言葉である。つまり格差には，かならずしもよくないことだという意味あいがないのに対し，不平等には，よくないことだから，平等へ志向しようというスタンスが鮮明なのである。

　以上のように格差と不平等を定義すると，格差のなかの一部分

が不平等をなしていること，つまり格差のなかでのぞましくないと意味づけされたものが不平等であることが明らかになる。そして明らかに不平等だと思われる事態を，解消する努力がなされていくのである。

所得格差　戦後日本社会における格差の問題を，所得格差と学歴格差という2つの視点から眺めてみよう。所得格差は，日本社会における人びとの富（富力）の違いを測る1つの指標であるし，学歴格差は，人びとの教育機会および教育達成の違いを測る代表的な指標である。

図11-1には，明治中期以降，約100年間の1人当たり実質国民所得の推移が示されている。図の左側が戦前の推移であり，図の右側は戦後の推移である。図から明らかなように，戦前の60年間（1885～1945年）には，国民所得はわずかしか増加していないのに対して，戦後の1955年頃から95年までの40年間に急激に増加している。とくに生活水準が戦前の水準に回復した55年から，73年の第1次オイルショックに至るまでの時期における増加の勢いが急激である。第1次オイルショック以降，わが国は安定成長期に入るのだが，国民所得の増加の勢いがそれほど衰えていないことをこの図は示している。よくいわれるようにあの高度経済成長によって，日本社会は「ゆたかな社会」（ガルブレイス『ゆたかな社会』岩波書店，原著1958年）になったのである。

それでは，「ゆたかな社会」になっていくなかで，所得格差はどのような変化を示したのだろうか。図11-2は，1963年から2015年までのジニ係数（183頁参照）の推移を示したものである。この図から，高度経済成長期に所得格差は急激に縮小したこと，

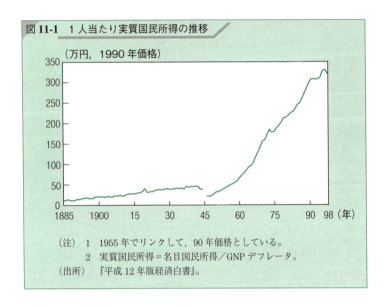

図 11-1　1人当たり実質国民所得の推移

（注）　1　1955年でリンクして，90年価格としている。
　　　　2　実質国民所得＝名目国民所得／GNPデフレータ。
（出所）　『平成12年版経済白書』。

しかし1973年の第1次オイルショック頃から，所得格差は拡大しはじめ，とくに1980年代後半以降徐々に拡大傾向にあり，1990年から2015年までのジニ係数は，2003年，2004年，2005年で低下していることを除けば，ほぼ同じ水準で推移していることがわかる。したがって戦後日本社会は物質的な豊かさを実現していくなかで，富の不平等を縮小していったが，その後，経済的格差が拡大したまま今日に至っているといえる。

学歴格差　　図11-3には，戦後の就学率・進学率が示されている。この図から，高等学校進学率も，大学・短期大学進学率も1975年頃まで急激に上昇し，その後徐々に上昇していることが明らかである。高度経済成長の時代は，教育爆発の時代でもあったのである。

ジニ係数

イタリアの統計学者ジニ（1884-1965）がつくりだした指標。所得の不平等度を示す優れた指標として有名である。

もっとも所得の少ない人から，もっとも所得の多い人へと並べた所得の分布から計算する。横軸には，所得の少ない人びとを左から右に並べた人員の累積をとり，縦軸には，所得の累積をとる。

たとえばある国の所得のデータが，表のとおりだとすると，ジニ係数は以下の式によって求められる。

表　ローレンツ曲線作成のための計算表

所得階級	人員累積%			所得の累積%
5,000 ドル	30 (0.3)	0.3×5,000	150	14.9 (0.149)
8,000 ドル	50 (0.5)	0.2×8,000	310	30.7 (0.307)
10,000 ドル	80 (0.8)	0.3×10,000	610	60.4 (0.604)
20,000 ドル	100 (1.0)	0.2×20,000	1,010	100.0 (1.000)

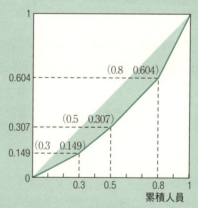

この図の太線がローレンツ曲線である。

$$G(\text{ジニ係数}) = \frac{\text{彩色部分の面積}}{\text{右下半分の面積}(=1/2)} = 2 \times (\text{彩色部分の面積})$$

不平等の度合いが高ければ高いほど，彩色部分の面積は大きくなり，ジニ係数は1に近づく。逆に平等になればなるほど，ゼロに近づく。

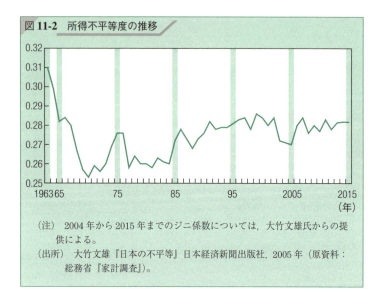

図11-2 所得不平等度の推移

（注）2004年から2015年までのジニ係数については、大竹文雄氏からの提供による。
（出所）大竹文雄『日本の不平等』日本経済新聞出版社, 2005年（原資料：総務省『家計調査』）。

　高学歴化の趨勢のなかで、学歴格差は縮小していったのであろうか。図11-4は、出身階層別の大学・短期大学進学率を示したものである。この図から注目されるのは、どの出身階層においても、高等教育への進学率は上昇しているのであるが、出身階層間の進学率の差がそのまま維持されていることである。つまり、戦後日本社会において、高学歴化の趨勢がみられたが、出身階層間による格差は維持されたままだったのである。

　所得格差と学歴格差という限られた指標からではあるが、戦後日本社会においては、未曾有の高度経済成長によって「ゆたかな社会」が実現され、高等教育への進学率も上昇した。高度経済成長期には、格差も数年にわたって縮小した。しかし第1次オイルショック以降、もしくは1980年代以降、格差は縮小しておらず、とくに経済の領域では拡大気味であることが明らかになった。

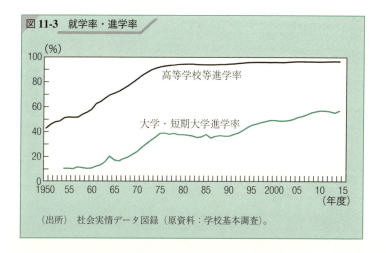

図 11-3　就学率・進学率

（出所）　社会実情データ図録（原資料：学校基本調査）。

平等社会か，格差社会か

　このような格差が，今後ずっと続くならば，その格差は人びとによって「不平等」として意味づけられるし，好きな言葉ではないが，「勝ち組」と「負け組」をつくってしまうことにもなる。人生におけるちょっとした「勝ち組」と「負け組」であれば，許容できるかもしれない。しかしその人にとって，取り返しのつかないような「負け」を生みだす社会であってはならないし，「負け組」が敗者復活戦によって，カムバックできるような社会でなければならないのだ。逆に，もし「勝ち組」と「負け組」が世代を超えて継承されるようになるならば，問題は深刻である。このように格差の程度が大きく，不平等が世代を超えて継承される社会は階級社会と呼ばれて，格差社会とは区別されている。つまり大きい格差が，ちょっとした努力では埋められないような溝になっている社会が階級社会なのだ。階級社会は不平等が構造化された（不平等が埋め込まれた）社会だといってもよい。

第 11 章　不平等と正義　　185

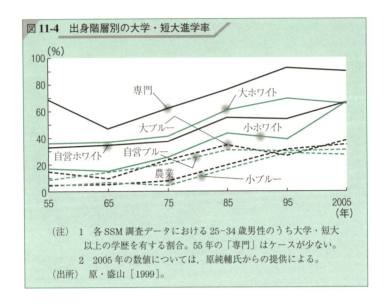

図 11-4 出身階層別の大学・短大進学率

(注) 1 各 SSM 調査データにおける 25-34 歳男性のうち大学・短大以上の学歴を有する割合。55 年の「専門」はケースが少ない。
2 2005 年の数値については，原純輔氏からの提供による。
(出所) 原・盛山 [1999]。

19 世紀のイギリスにおける労働者階級の生活状態から，将来を予測したマルクスを持ちだす必要はないかもしれないが，格差社会が 21 世紀的な階級社会をつくりだすとしたら，そのことに警鐘を打ち鳴らすべきであろう。

不平等の是正から正義へ

すでに述べたように，これが平等な状態だと直截に定義するのはなかなか難しい。それでは，私たちにできることは何であろうか。社会学的想像力を働かせれば，格差の拡大にともなって，しだいに人びとが不平等だと感じるようになる事象に注目し，不平等を生みだすメカニズムを明らかにし，解決策を提示することはできるはずだ。

もちろん不平等を解消しようとすると，ともすれば，近代産業

社会の中核的原理である競争原理を規制したり，人びとの向上心を弱めたりすることになりかねない。不平等の是正と競争原理との両立という難問が立ちはだかっている。また日本社会における不平等問題（ここでとりあげた所得格差，学歴格差以外に，地域による格差，年齢による格差，性差による格差などがある）を考えるということは，日本人相互の不平等問題のみにとどまらない。しばしば日本社会における日本人と外国人との不平等の問題や，日本をはじめとする先進諸国と開発途上国との格差の問題を考えることへと発展していくのである。

　ここで不平等問題のひろがりと大きさを述べたのは，厄介な問題だとして，人びとにこの問題に対する消極的な態度や懐疑的な態度を醸成するためではない。ひとえに不平等の問題が近代社会の構造に，さらには社会の安定化ということに深く関係していることを強調したかったからである。

　近代社会におけるこれまでの歴史をふりかえってみると，眼下の不平等を一歩ずつ解決する試みがなされてきたことが明らかになる。社会の不平等や不正を社会問題として提起し，その解決策を考えていくのは，社会学が得意とするところでもある。不平等の是正が，平等という理想への第1歩であるし，正義への道程につながっていることもたしかだ。

　不平等の是正から正義へと至る道は，わずかでも記録を縮めようとする短距離ランナーや水泳選手の営みに似ている。どんなに努力しても，100 m を7秒台で走ることも，30秒台で泳ぐことも不可能であろう。不平等を是正したとしても，この世に完全に平等な社会を実現することは不可能なのかもしれない。見果てぬ夢というのが正鵠を得ているかもしれない。しかし100分の1

秒でも記録を縮めるために，日夜，おのれの肉体を鍛え上げるアスリートのように前に進む以外ないのだ。ささやかだが，確実な1歩を踏み出すことが，いま，私たちに求められている。

サマリー＆文献

この章では，社会構造の1つとして社会階層をとりあげ，自由と平等を中核的な価値とする近代社会においても，不平等が生みだされることを見てきた。

現代日本社会が江戸時代のような身分制社会でないことは明らかだが，所得格差，資産格差，教育機会格差，就業機会格差があることも事実だ。戦後日本社会における格差の実態を，実証データの統計分析によって明らかにしたのが，日本社会学会の共有財産というべき「社会階層と社会移動」全国調査だった。通称SSM（Social Stratification and Social Mobilty の略）調査と呼ばれている。SSM調査は，1955年第1回調査以来，10年ごとに実施されている全国調査であり，2005年には第6回調査が行われた。①は第3回（1975年）全国調査の報告書であり，戦後の高度経済成長によって日本社会の階層構造が流動化し，格差が縮小したことを明らかにしている。②は第5回（1995年）全国調査にもとづきながら，階層構造が固定化しはじめ，「努力すればナントカなる社会」ではなくなってきたことを指摘して注目を集めた。③は第1回調査から第5回調査までのすべての調査データを渉猟して，5時点40年間の階層構造の変化を概観している。④は戦後日本における高学歴化の趨勢と不平等との関係を論じた力作である。⑤は経済学者による不平等の分析であり，もっぱら所得格差の問題に焦点をあてて，書名どおり，日本の不平等について明晰な分析を行っている。⑥は経済指標を中心にして2000年以降

の日本社会における格差の拡大を論じた書物であり，格差の実態が数字によって説得的に示されている。

　数量データ（主として経済指標）にもとづいて，戦後日本社会の変化を明らかにしているのが，⑦と⑧である。

　イギリスがいまもなお，上流階級・中産階級（ミドルクラス）・労働者階級からなる階級社会であることは有名な事実だが，この実態をルポルタージュしたものが，⑨である。⑩はイギリス生活の長い著者の体験にもとづいて，イギリスの階級社会の姿が迫力をもって紹介されている。

① 富永健一編［1979］,『日本の階層構造』東京大学出版会
② 佐藤俊樹［2000］,『不平等社会日本』中公新書
③ 原純輔・盛山和夫［1999］,『社会階層』東京大学出版会
④ 吉川徹［2006］,『学歴と格差・不平等』東京大学出版会
⑤ 大竹文雄［2005］,『日本の不平等』日本経済新聞社
⑥ 橘木俊詔［2006］,『格差社会』岩波新書
⑦ 宮崎勇・本庄真・田谷禎三［2013］,『日本経済図説』第4版，岩波新書
⑧ 正村公宏［1988］,『図説　戦後史』筑摩書房
⑨ クーパー，J.［1984］,『クラース』渡部昇一訳，サンケイ出版
⑩ 林信吾［2005］,『しのびよるネオ階級社会』平凡社新書

第Ⅲ部　社会の構想

第Ⅲ部は，社会学の誕生以来のテーマである，現代社会をどのようにとらえるかということを考える。これは社会のマクロな領域を対象にしたものであり，きたるべき社会のグランドデザインを構想することにほかならない。

第12章では，前近代社会を理解するさいの中核的な概念である共同体をとりあげ，現代社会における共同体の意義を明らかにする。第13章は，近代ヨーロッパが理想とした市民社会を，国家という概念と比較しながら論ずる。1990年代以降，グローバリゼーションが進行したことをふまえて，第14章では，グローバリゼーションにともなう移民問題の顕在化を，フランスを事例にして描き，第15章では，グローバリゼーションが生みだす新しい公共圏について考える。第16章は，この本の最終章にふさわしく，21世紀の理想社会およびユートピアをどのように構想したらよいか，その手がかりを示す。

第12章 共同体

人はなぜ共同体を求めるのか

この写真は1892（明治25）年に撮影された，福岡市の博多祇園山笠の光景である。家々の屋根より高い「山」を担いで町中を駆けまわる祭りにかける地域社会の結束と意気込みが，見る側にもひしひしと伝わってくる。

　個人の自立を求め，個の自由を集団の協調より重視した戦後社会の歩みは，私たちの社会的あり方を大きく変えた。私たちはいま，どのような結びつきに喜びと安らぎを感じるだろう？　家族だろうか？　友人だろうか？　少なくとも地域社会ではあるまい。ここでは，家族や地域社会，国家といった基本的な社会集団の変化をたどりながら，人間にとって集団とは何か，それは各個人にいかなる力を及ぼすのか，を考えてみよう。

「理想的な家族」の悲劇

　1992年6月4日埼玉県浦和市で，高校教師とその妻が，長年，家庭内暴力をふるった長男（23歳）を殺害するという事件が起こった。殺された長男は浦和高校を中退後，大学検定試験を経て立教大学に進学。しかし大学ではサークル活動に熱中する一方で学業を放棄し，家庭内では頻繁に暴力をふるうようになる。そこで将来を悲観した両親が，睡眠中のわが子を包丁で刺し殺したのである。

　この事件の父親は，東大文学部を卒業後，「生涯一教師」をモットーに熱心な指導によって高校生から慕われており，母親もまたPTA活動等に熱心な親であった。事件の発生後，2人の刑の軽減をもとめる運動が起こり，8万5000もの嘆願書があつまる。1993年3月浦和地方裁判所は，両被告に対して懲役3年，執行猶予5年の判決をいいわたしたが，この刑は殺人罪としては例外的に軽いものであった。

　この事件は，理想的にみえる家族でありながら，内実がぼろぼろに崩れていた例としてマスコミで話題になった。小中学校をオール5でとおし，友人の間ではリーダー的にふるまいながら，家庭内では数年にわたって暴力をふるっていた長男。そして勤務先では多くの学生に慕われながら，実の子を殺すところまで追いつめられていた父親。ジキル博士とハイド氏の悲劇という以上に，この事件は深い社会的背景をもっているように思われる。

　というのも，この種の事件はその後も，あいついで生じているためである。2006年6月，奈良県田原本町の両親とも医師の家庭で，高校1年生の長男が母と弟妹を殺し，家に放火。同年8月，北海道稚内市で，高校1年の男子が同級生に30万

円で母親の殺害を依頼。2007年5月,福島県会津若松市で,高校3年の男子が母親を殺し,その首を切り落として警察に出頭。家庭の悲劇を物語る事件は尽きることがない。

> いま,家族の危機?

現在,家族はいかなる状態にあるのだろうか。その一端を示すデータをみてみよう。図12-1は戦後の少年(少女)犯罪の件数の推移を示している。このグラフをみると,少年犯罪の少年人口比にはいくつかの大きな波があったことがわかる。

なぜこのような傾向が生じているのだろう。そもそも,なぜ少年犯罪が起こるのだろう。

戦後の少年犯罪に関しては,いくつか説明のパターンが存在した。1960年代まで,少年犯罪は一般に「欠如」によって説明されていた。失業や離婚などによって生じた貧困や親のモラルの欠如が,子どもの非行を生むという説明である。一方,70年代になると,経済成長とともに別の説明がふえてくる。子どもによい家庭環境を与えようとして,収入以上の借金をしたことによる家庭の崩壊や,子どもに過度の期待をかけたための家庭内暴力の発生。これらは「欠如」ではなく,「過剰」によって説明するしかないといえる。

ところが1980年代になると,これらのパターンでは説明できない例がふえてくる。先にみたように,金銭的にも余裕があり,子どもとの対話も心がけてきた「理想的な」家庭における悲劇の増加である。80年代には,サラリーマンの妻の心の空白をあらわした斎藤茂男の『妻たちの思秋期』や林郁の『家庭内離婚』が話題となったが,これなども幸福そうな家庭の内部にひそむ空虚

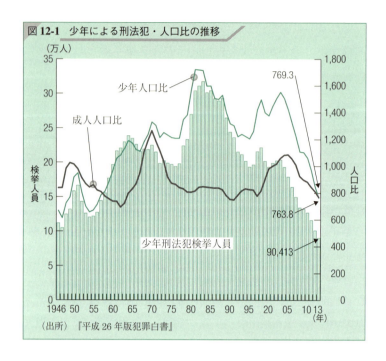

図 12-1 少年による刑法犯・人口比の推移

(出所)『平成 26 年版犯罪白書』

の例として、従来のパターンでは説明できないものだろう。

　話を進める前に、旧来の説明を整理すればつぎのようになる。家族は「欠如」ないし「過剰」によって崩壊し、それが子どもの人格の崩壊を引き起こし、少年犯罪につながるという図式である。ところが 1980 年代以降の事件は、この図式では説明できなくなる。フツーの家族における家庭内暴力や少年犯罪。多くの資料は、まさに家族の吸引力（凝縮力）の減少を物語っているのである。

　フツーの家族、理想的な家族さえもが少年犯罪を止められないとすれば、どのような家族がそれをおさえられるのか。いまや崩壊しているのはごく一部の家族だけでなく、家族そのものではないのか。これらの問いは恐ろしい問いだが、もはや避けることは

できない。そのために，まず家族とは何かと問うことからはじめよう。

> **家族とは何か**

家族とは何か。この問いに対してあなたはどんな答えを用意するだろう。

皆さんが連想するのは，たぶんテレビのホームドラマだろう。大都市の郊外に1軒の家があり，サラリーマンの父親と，子どもの世話をやく母親，そして10代ないし20代前半の2人の子どもが住んでいる。子どもは学生か会社勤めだが，両親のもとで暮らしている。子どもと両親の間には何か葛藤があるが，最後にはハッピーエンドで終わる……。

私たちはこうした家族の形態を当たり前と考えがちだが，それは人間の歴史からいえばごくかぎられたものでしかないのである。文化人類学は世界中の社会を調査・研究したなかで，家族の普遍的な定義が不可能だという結論に達した。また社会史（歴史社会学とも呼ばれる）は，西欧でも私たちの社会でも，ごく最近まで違った家族の形態が一般的だったことを示したのだった。

いま私たちが当たり前とみなしている家族の形態は，社会史や社会学の分野では「近代家族」と称されている。家族社会学者，落合恵美子はその特徴をいくつかあげているが，まとめればつぎのようになる。

(1) 夫婦と子どもからなる核家族であること。
(2) 夫婦間および親子間に親密な情愛があること。
(3) この核家族は地域や親戚など，他の社会的領域から分離され，絶対化される傾向があること（落合恵美子『近代家族とフェミニズム』勁草書房）。

近代家族の固有の特徴として核家族をあげることには疑問の余地があるが、ほかの点については妥当な定義といえよう。そのうちの第2点、家族は夫婦および親子間の情愛を第一とするという考え方が近代の産物でしかないことは、フランスのP. アリエスによって示された。彼の『子どもの誕生』(1960年)は、18世紀までのヨーロッパでは子どもは親の特別の情愛や教育の対象とはみなされず、多くの子どもが幼少時から里子に出されたりしたことで、成人になる前に死んだことを明らかにした。19世紀のロマンチシズムとともに、大人の庇護を必要とする、無垢で可能性に満ちた子どもというイメージが一般化するまで、子どもは「小さくて不完全な大人」として、欠けた存在とみなされていたのである。

　ところで、親と子の間の情愛や教育が希薄だったとすれば、それを埋めあわせていたのは何か。近代家族の特徴の第3点としての、家族外の社会的領域が問題になるのはそこである。

地域社会に生きる

　近代以前の社会において、家族にとって重要なのは「生存」の機能であった。そのために、農家であれ商家であれ、親子の区別なく総出で働くことが必要だったし、職人などのばあいには子どもは早くから家族の外に働きに出された。過去の慣習を研究する民俗学によると、わが国では子どもは七五三までは親元で育てられるが、それを経ると子守や丁稚、奉公人などとして家族の外に出されていた。そのため、彼らのしつけや教育は親の手ではなく、地域社会や主人の家に委ねられていたのである。

　地域社会がどのような機能を果たしていたかを、福岡市を例に

見ていこう。現在の福岡市は、人口150万の九州第一の都市であるが、江戸時代には城下町である福岡と、商業都市である博多に分かれていた。1889（明治22）年の資料によれば、博多の戸数5144、人口2万9595であり、1戸当たりの人数は5.75人と核家族が一般的だったことがわかる（福岡市役所編『福岡市誌』）。

　旧博多部の人びとのソシアビリティ（社会的交流と訳すことができる）はどのようなものであったか。この地域には古い伝統をもつ博多祇園山笠という祭りがある。地域の櫛田神社の夏祭りであるこの祭りには、博多部の全町内が参加して、7台の舁き山を奉納するのが習わしである（この章の扉の写真）。博多部は「流れ」と呼ばれる7つのブロック（祭り運営母体）に分けられ、それぞれの流れは10あまりの町、そして各町は25戸から100戸ほどの家からなっていた。家同士が密接して建てられ、水や衛生などの理由から生活の共同があったために、各町内の連帯意識はきわめて強く、町同士、流れ同士の対立がしばしば生じたことが記録に残っている。

　町内に誕生した子どもは、男子であれば生まれるとすぐ親の手に抱かれて祭りに参加した。10歳から15歳になると、子どもは若手と呼ばれて一人前とされ、さまざまなしきたりを教えられた。そして10年程度の経験を積むと赤手拭という役職につき、社会的な信用も与えられた。さらに取締、総代と役職をかけのぼり、亡くなると祝儀山といって、故人の家まで舁き山を進めて、全員で「博多祝い歌」を歌うのが今日までつづく慣習である。

　このように、人間の成長が町内を単位としていたため、教育もその枠内で与えられた。祭りの衣装である法被の柄は町ごとに決められ、毎年、山飾りがつくり替えられるので、それらをつうじ

て独特の美意識が形成された。また1トンもの舁き山を20数人で担いだまま5kmを走り抜くために,担ぎ方や押し方,走り方などの身体の使い方が教えられた。そして目上の人間に対する態度や言葉遣いと,目下の人間の動かし方。町内の長老や流れの役員などの社会関係の把握。さらには,子ども－若手－赤手拭－取締－年寄りといった一生の成長と,死ぬ時にどうふるまうべきかといった,人間の生き方のモデル。こう見てくると,過去には地域社会こそが人びとの教育を引き受け,親密な情愛の単位であったことが理解できる。

国家が地域社会を解体する

そうした地域社会は,どのようにして変化したのか。この点に関して,明治国家であれ,西欧の諸国家であれ,近代国家の方針は一致している。それまで社会生活の基盤であった地域社会を解体させることで,すべての人間を裸の個人＝国民として,国家のもとに統合しようとしたのである。

そうした過程を,地域への国家の介入という観点からみていこう。祭りの舞台になる神社は,がんらい地域独自のものであり,中央と地方の間に格差は存在しなかった。しかし明治国家は,それを国家のもとに一元化するために国家神道を強制した。明治4年には,全国の神社を分類して,官幣社,国幣社,府県社などのヒエラルキーを設けた。と同時に,神主の職の世襲制を廃止し,任命制にすることで神道思想を国家の管理下においた。ついで明治8年には,国民が共通して祝うべき祭日を制定する一方で,地域の祭りを禁止した。博多の山笠も明治5年から15年まで,風紀を乱し浪費をするという理由から禁止されたのである。

このようにして地域の独自性を損なわせるのと並行して，明治国家は個々人にも直接に介入した。それまで地域が主体となって教育をしていたのに対し，義務教育を課すことで，画一的な学校教育に全国民を参加させた。また，地域に根ざした産婆に代えて，国家免許による産科の医師をおくことで，性の次元にも介入した。そして，ラジオ体操や朝礼等を行うことで体の動かし方を統一し，地域ごとに音色や抑揚が違う民謡に代えて，西洋音階の唱歌を学校で教え込んだ。こうした体の使い方とリズムの統一は，近代的な軍隊をつくるためには不可欠なものであった。それに加えて，天皇の神格化と教育勅語を通じての思想の統一。かくして地域の枠を奪われた人びとは，ますます中央集権化する国家を前にして，裸の個人＝国民として向きあうことを余儀なくされたのである。

新しいライフスタイルの誕生

　すべてを国家に一元化しようとした明治国家は，敗戦とともに終焉する。しかしそれは，地域社会や家族の絆の再建にはつながらなかった。戦後の急速な経済発展の過程で，地方の住人が都会に移住したために，地方の地域社会は荒廃の一途をたどった。また戦前には，男性の家長が家庭内をとりしきる，いわゆる家父長制が支配的であったため，その反動としてアメリカ風のリベラル民主主義が理想とされ，地域社会や家族は個人の自立を妨げる要素として否定的にみられた。

　1950年代後半以降の高度経済成長が大量に生みだした都市の勤労者は，新しい価値観と生活様式の確立を求めたが，それは彼らの生活がまるごと産業社会の論理にのみこまれることでもあった。56年に日本住宅公団は，家族そろって食事をする居間を中

心にした2DKの団地を提唱し,新しいライフスタイルを決定した。一方,家電各社はさまざまな電器製品を開発し,新しい住宅を洗濯機や冷蔵庫,テレビ等の製品で埋めつくした。

　整備された住環境と家電製品は,家事労働のウェイトを軽くしたのだろうか。むしろ事態は逆に進行した。衛生思想の普及によって食事や洗濯のレベルが向上し,高学歴化によって子どもが家庭にとどまるようになったため,家事労働は増大した。都市化・近代化の開始した大正時代以来,女性は家庭にとどまる傾向をみせていたが,そうした傾向はこの時期に加速され,家事労働に専念する労働者,すなわち「主婦」が生みだされた。専業主婦の割合は,高度成長とともに歩んだ1940年代生まれの女性でもっとも高いことが知られているが,このことは「主婦」がすべての社会にみられるものではなく,社会関係の変化にともなって生みだされたものであることを物語っている。

近代家族の始まりと終わり

会社で働く父親と,家庭を切り盛りする母親,そして家庭にとどまる子ども。私たちの見慣れたこうした家族の形態は,じつは高度成長期に一般化したものにすぎないのである。にもかかわらず,こうした家族(近代家族)の形態は,産業社会の進展とともに,人間の直接的なふれあいが減少し,競争原理が優越して,すべてがお金で計算されるような風潮がましてくると,情緒性の発揮できる最後の場として推奨されるようになった。

　そうしたあり方を示すのが家族愛やマイホーム主義という言葉である。これらの言葉は,高度成長期には,むしろ会社や職場に献身しない人間を非難するために用いられていた。しかしそれは,

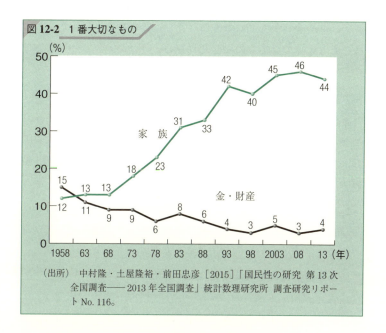

図 12-2 1番大切なもの

（出所）中村隆・土屋隆裕・前田忠彦［2015］「国民性の研究 第13次全国調査――2013年全国調査」統計数理研究所 調査研究リポート No. 116。

今日では積極的な評価を得ている。図 12-2 に見られるように，現代の日本人は家族にこそ憩いを求め，安らぎの場としているのである。

しかしながら，近代家族の成立が近代国家の完成と並行し，近代家族の前提であった勤労者の増大が産業発展によってもたらされたとすれば，家族だけでは社会全体の趨勢に立ち向かえないことは明らかである。近代家族の維持には多くの収入が必要であり，そのために人は競って子どもを有名校に進学させようとする。かくして，情緒的なつながりの場であるはずの家族の内部にまで，産業社会の競争原理が入り込んでいるのである。

制度としての近代家族は，人間の情緒的なあり方をそこに閉じ込めることによって，あまりに閉鎖的なものになってしまった。

とすれば，それが成立とともに解体をはじめたようにみえることは，ある意味で必然なのかもしれない。

ゲマインシャフトとゲゼルシャフト

わが国では近代家族が，大正以降，とりわけ第2次世界大戦後に成立したのに対し，より早く近代化の始まった西欧諸国では，19世紀をつうじて実現された。そして近代家族の成立が，地域社会の解体と近代国家の成立に並行していたとすれば，それは社会的関係が根本的に変化した時期でもあった。19世紀には西欧諸国で，今日まで有力な社会思想がいくつも生みだされたが，その背後にはこうした歴史的背景があったのである。

自由な連帯による人間の結合を夢見たプルードンの社会思想。情緒性と調和を重視したフーリエの理想主義的な共同体運動。生産と所有に関する社会関係を根本から改めることで，人間の自発的な結合を可能にしようとしたマルクスの共産主義思想。当時の支配的な個人心理学に対抗して，人間の有機的結合を理論化しようとしたデュルケームの社会学。なかでも，社会集団の形成原理を考えるうえで重要なのは，テンニースの研究である。

ドイツの社会学者であるテンニースは，1887年に出版された古典的名著『ゲマインシャフトとゲゼルシャフト』のなかで，人間集団の形成原理を2つに分けて説明している。1つは，人間が生まれついてもつ直接的な人間の結びつきであり，そこでは各自は生活や慣習をともにしながら，互いの了解によって直接的に結合されている。そうした有機的な集団を彼はゲマインシャフト（共同社会と訳される）と名づけ，家族や地域社会を典型としてあげる。一方，第2の結合原理としてのゲゼルシャフトは，自由な意志に

よって結ばれた契約的な関係であり，そこでは人びとは互いに独立した個人として，利害や打算によってほかとの関係をとりむすぶ。その例として，大都市，国家，世界があげられている。

19世紀哲学の影響下にあるこの本は，いまでは読みにくいかもしれない。しかも，それ以降の産業社会の発展によって，株式会社や財団法人，行政組織などのゲゼルシャフトが発展したことを思えば，その点での考察不足は否定できない。しかし他方で，ゲマインシャフトからゲゼルシャフトの優位へという歴史的な流れのなかで，彼は2種類の結合原理を明確にすることによって，社会の基本的な結合原理としてのゲマインシャフトを理論的に裏づけることができた。彼の理論は，共同体的結合を理想化しすぎる嫌いがあったとはいえ，アメリカの社会学者マッキーヴァーのコミュニティとアソシエーションなどの概念に受け継がれながら，いまだに有効性を失っていないのである。

共同体の再建は可能か？

人間にとって，共同体とは何か。テンニースやマッキーヴァーが考えたのは，個人としての意識が明確に成立する以前に，人間関係が成立しているような直接的な結びつきである。その例として彼らは地域社会や家族をあげたのだが，そこでは人びとは利害から離れたところで，全人格的なふれあいができるというのである。

共同体をこのようなものとして理解するとき，私たちの目の前にある問題は，社会から共同体的性格が急速に失われていることである。私たちの日常生活をふりかえっても，衣服や食物をはじめ，水道や燃料，電気にいたるまで，ゲゼルシャフトとしての株

式会社や自治体の活動が浸透しており、それを抜きにしては生活そのものが成り立たなくなっている。このままいけば、私たちの社会から共同体的性格は完全に失われてしまうのだろうか。

　たしかに現代では、人間の活動の多くが効率によって計算され、結びつきが希薄になっている。しかしその一方で、それと反対の試みがあることも事実である。たとえば生協運動についてみてみよう。これは最初は物資をより安く手に入れることに主眼をおいており、その意味でゲゼルシャフト的なものであった。ところが近年では、生協組織の多くは値段の安さではなく、無農薬の商品や環境保護の石鹸の使用など、身のまわりから出発して、生活そのものの改善に向かっている。その過程で、組合員が勉強会を開いたり、相互扶助のしくみをつくりあげているところもある。こうなると、契約によるゲゼルシャフトというより、組合員相互の全人格的な結びつきの場としてのゲマインシャフトに近づいている。

　こうした活動は生協にかぎらず、いわゆる途上国で盛んなNGO活動や、阪神・淡路大震災をきっかけに注目されたボランティア活動など、さまざまな次元で広がりをみせている。金子郁容の『ボランティア——もうひとつの情報化社会』はボランティア活動の理論化をめざした本であるが、そこにはつぎのような主張がある。「ボランティアは、ボランティアとして相手や事態にかかわることで自らをバルネラブル（傷つきやすい状態）にする……。では、ボランティアはどうして、あえて自分をバルネラブルにするのか。それは、問題を自分から切り離さないことで『窓』が開かれ、頬に風が感じられ、不思議な魅力のある関係性がプレゼントされることをボランティアは経験的に知っているか

らだ」。ここにも，自由な意志によるボランティア活動のなかに，全人格的なつながりをとりこもうとする努力をみることができるだろう。

新しい関係性を求めて

このように，ゲゼルシャフト的結合のなかに共同体的性格をとりいれようとする試みとは別に，家族や人間の問題をつきつめていくことによって，それに代わる新しい人間の結合を生みだそうという運動もあいついでいる。産業化が急速に進行した1970年代には，自然への回帰や調和を求めてコミューンと呼ばれる生活共同体が各地に誕生したが，その多くは今日では姿を消している。しかし一方では，マスコミをにぎわせた「イエスの方舟」や「オウム真理教」などのように，家族に代わる新たな人間関係を新宗教に求める試みも続いている。さらに，全国各地で続けられている村おこし，町おこしの運動。これは，直接的な利害から離れたところで，住民の結合と熱意によって地域に活力を取り戻そうとする運動であり，そのいくつかは過疎の村を活性化することに成功している。

これらの試みはどれだけの成功を収めうるのか。ゲマインシャフトからゲゼルシャフトへの移行という全体的な歴史的傾向を，どれだけ変更しうるのか。その予測は現時点では困難である。しかし地域社会が崩壊したかにみえ，人間の情緒性の最後の砦とされていた家族もまた解体しつつあるようにみえる現在，これらの試みの重要性は失われることはないだろう。

人間は1人では生きていけない存在であり，濃密な，全人格的な関係性のもとでのみ成長を遂げるものであるとすれば，新たな関係性を求めるこれらの試みは，人間社会の未来を左右すると

いっても過言ではないだろう。

サマリー&文献

　この章ではまず，人間集団の基礎的形態としての家族や地域社会が，近代化の過程で大きく変質したことをみてきた。西欧における家族と家族観の変化については，社会史の分野で多くの研究がある。なかでも，西欧における子ども観の変化を丹念に追って，大きな反響を引き起こしたのが①である。わが国においても，近代化の過程で家族観や家族のあり方は大きく変質した。明治以降の家族観の変化や，産業社会の実現にともなって誕生した近代家族の概念については，②と③が参考になる。

　近代化によって全人格的な結びつきが失われていくとの危機意識は，19世紀のヨーロッパに広くみられた。そのなかで，家族や地域社会をモデルにしながら，直接的な人間のつながりとしての共同体を理論化する試みがあらわれた。フーリエやプルードン，マルクスらの共同体思想や共産主義運動である。

　それと並行して，社会学の分野でも，近代社会の原理と，旧来の直接的な人間結合の原理とを対比させながら理解しようという研究が出現した。テンニースのゲマインシャフトやマッキーヴァーのコミュニティがそれである（④と⑤）。これらの概念は，多分に過去を理想化しているため，歴史のどの時点で実際に存在した社会形態かをいうことは困難である。しかしその対極におかれた，契約にもとづく社会結合としてのゲゼルシャフトやアソシエーションと対比されるとき，それらは社会学的に有効な説明原理でありうるだろう。また，近年の社会運動やインターネットなどによる開かれた共同体については，⑥を参照したい。

現代社会が全体として，ゲマインシャフトからゲゼルシャフトの優越する社会へ移行しつつあるのは事実である。しかし他方では，そうした全体的な傾向にあらがいながら，人間の直接的な結合形態としての共同体を建設しようという運動もあいついでいる。それらは，コミューン運動，新宗教運動，生協活動，ボランティア活動，村おこし運動など，さまざまな形態をとりうるが，⑦はそのいくつかを訪れながら，現代における共同体の可能性を考察したものである。また，⑧に収められた論文は，わが国の伝統的な地域社会の組織原理を考え直すことで，西洋的原理とは異質な共同体の成立の可能性を探っている。⑨は，新しい自己理解と対他関係を実現する方法としての社会運動の可能性を論じたものであり，この章のテーマと深く関係する。

① アリエス，P.［1980］，『＜子供＞の誕生』杉山光信・杉山恵美子訳，みすず書房
② 落合恵美子［2004］，『21世紀家族へ』第3版，有斐閣
③ 上野千鶴子［1994］，『近代家族の成立と終焉』岩波書店
④ テンニース，F.［1957］，『ゲマインシャフトとゲゼルシャフト』上下，杉之原寿一訳，岩波文庫
⑤ マッキーヴァー，R. M.［2009］，『コミュニティ』中久郎・松本通晴監訳，ミネルヴァ書房
⑥ デランティ，G.［2006］，『コミュニティ』山之内靖・伊藤茂訳，NTT出版
⑦ 真木悠介［2003］，『気流の鳴る音』ちくま学芸文庫
⑧ 鶴見和子・市井三郎編［1974］，『思想の冒険』筑摩書房
⑨ メルッチ，A.［1997］，『現在に生きる遊牧民（ノマド）』山之内靖ほか訳，岩波書店

第13章 国家と市民社会

市民社会は近代の幻想か

　この絵は，1830年のフランス7月革命を題材にし，ドラクロワによって描かれた「民衆を導く自由の女神」である。自由・平等・博愛の理想を掲げて市民社会の建設にたちあがる人びとの姿を描いて感動的である。
　ところがこのような理想の追求にもかかわらず，20世紀は戦争の世紀ともいわれるように悲惨な戦争をくりかえしてきた。2度にわたる世界大戦が近代の産物である国家によって引き起こされたことを考えると，国家とはいったい何なのかという疑問がわいてくる。市民社会という近代ヨーロッパの理想は，現実の国家のなかでどこまで実現されているのであろうか。そもそも市民社会と国家の両立は可能なのであろうか。

日本国民だと意識するとき

私たち日本人が日本国内に住んでいる限り、日本国民であることを意識する必要はない。それでは、どんなときに日本国民であると意識するのであろうか。もっともわかりやすいのは、外国旅行をしたときであろう。出国と入国のさいに、パスポートを提示するから、否応なく日本国民であることを自覚させられる。とりわけ欧米などの白人社会を旅行すると、街を歩いている人はほとんど白人であるから、日本人は黄色人種なんだとあらためて気づかされる。

戦後生まれの世代には、戦前生まれの世代がもっているような愛国心はない。しかしオリンピックやワールドカップで日本選手が活躍するとき、思わず応援してしまうのは、やはり私たちの心の奥底に日本国民としての意識があるからである。

とくに2002年のワールドカップサッカーでの、ベスト16進出という日本チームの活躍をきっかけに、若者に、「ぷちナショナリズム」と呼ばれる新しいかたちの愛国心が生みだされていった。

思うに愛国心もしくはナショナリズムというものは、日本国民であるか否かを区別する制度があってはじめて明確なものとなるし、この日本国民であるか否かを区別する制度は、国家によって正当性を与えられている。つまり国家の1つの機能として、日本国民であるか否かが、合法的に区別されている。

日本人にとって国家はどんな存在か

国家は、日本国憲法第25条にあるように、国民が健康で文化的な生活を送ることができるようにさまざまなサービスを

提供している。たとえば義務教育における教科書の無料の配布や学校給食などは，子どもの教育を受ける権利を貧富に関係なく確保するために設けられている。現在では完全に普及しているために，この制度の趣旨が忘れられがちである。あるいは国立大学の医学部の学生は格安の授業料で，医師になるための授業を受けることができる。さらに生活保護は，国民の最低限の生活を保障することをめざしている。

このように国家の目的の1つは，国民の安全と最低限の生活を保障することにある。国家の財政が国民の税金を中心にして成り立っていることはいうまでもないが，国家がうまく機能すれば，国民は国家からさまざまな恩恵を受けることができる。国家の活動が慈善事業のように，国民に恵みを与えるだけであれば何ら問題はない。

ところが国家は，国民を拘束し，生活を脅かすものでもある。たとえば空港建設もしくはダム建設の用地として，先祖代々の土地が国に買収されることがある。「地域の発展のために」もしくは「公共の福祉のために」という美名のもとに，ある日突然，用地買収計画が発表されるというのが，これまでのわが国の開発計画のやり方であった。買収計画に組み入れられた当の住民にしても，空港やダムの建設がかならずしも不必要だと思っているわけではない。しかしわが家の土地がなぜ計画にひっかかってしまったのだろうかというのが偽らざる心境であろう。他方，計画立案者にしてもその場所につくらなければならないという必然性が100％あるわけでもないのに，計画を策定した以上，あたかも必然性があるかのごとく説明し，計画の変更が不可能であると主張しがちである。かくして住民との紛争が発生するのが通常のパ

太平洋戦争の拡大と泥沼化は,大学生の卒業をくり上げ戦地へと向かわせる学徒出陣となった。学徒出陣は国家に翻弄される国民の姿の1コマである。

ターンであった。成田空港建設反対運動に代表される住民運動のほとんどが,以上のような共通の側面をもっていた。

　戦前であれば,徴兵制があったから,国家は徴兵制のもとで合法的に成人男子を戦場へ送りこむことができた。太平洋戦争末期になると,国家総動員体制のもとに女性も軍需工場をはじめとするさまざまな場所に徴用された。日露戦争時,歌人の与謝野晶子は,肉親を戦場に送りだすことの悲しさを「君死にたまふことなかれ」という言葉に託した。太平洋戦争は,沖縄での戦闘,広島と長崎への原子爆弾の投下をへて,1945年8月15日に終戦をむかえるが,日本が朝鮮半島や中国大陸で行った侵略行為を反省するとともに,「原爆ゆるすまじ」の心境が,現在の日本人に共通する心情であろう。

　国家は私たちに恩恵をもたらすとともに,その巨大な力によっ

て私たちを翻弄するものでもある。国家に翻弄された人びとにとって、国家はうとましい存在以外の何ものでもない。

> **国家は社会と同じものであろうか**

それでは時としてうとましい存在である国家は、社会と同じものであろうか。この問いを考えるために、日本の国家が日本の社会とどのような関係にあるか、考えてみよう。

日本人は日本の国家を日本社会と同じものだと考える傾向が強い。その理由として、2つ考えられる。1つは、明治近代国家の成立以来、わが国は朝鮮半島や中国大陸に侵略し、他国の領土を日本の領土に併合することはあっても、他国から侵略されることはなかった。このため日本社会＝日本国家という理解が成立しやすかったと考えられる。もちろん戦後長い間、アメリカの統治下にあった沖縄のことを考えると、本土の人びとの間に成立している日本社会＝日本国家という理解が沖縄の人びとの間に成立していたかどうかは、はなはだ疑問である。沖縄は、その地理的位置からも、過去の歴史からも、日本社会のなかで独特の位置を占めており、人びとの意識も、本土の人びとの意識とは、微妙に異なることが多い。

もう1つは、歴史を古くさかのぼると、日本人の起源については、南方説、大陸説、北方説があって、いまもってはっきりしないが、日本列島に住む人びとが、縄文時代以来独自の文化をつくりだしてきたことはまちがいない。たしかに江戸時代までの日本社会は、大陸文化の圧倒的影響のもとにあった。しかし「和魂漢才」の言葉にみられるように、大陸伝来の技術や知識は、土着の技術や知識と融合され、日本独自のものになっていった。その

ため,日本社会＝日本国家という理解が成立しやすかったと考えられる。

しかし世界各地の歴史をみると,国家の領土と社会の範囲とが一致するのはきわめてめずらしいことがわかるから,国家は社会とは異なると考えるのが適切である。

社会のなかの国家

国家は家族や企業と同様に,現代社会のなかでは,社会を存続・維持させるために必要な機能の1つを担っているにすぎない。しかし国家は,人びとの日々の平穏な生活を維持するために,犯罪者を検挙する権利や,税金を徴収する権利を有しているし,企業の経済活動を規制することもできる。このように国家は,同じように社会のなかに存在する家族や企業とともに,人びとを拘束している。国家はあくまで社会を構成する一部分にしかすぎないが,人びとに対して強大な力をもっている。この強大な力こそ,人びとが国家をうとましく感ずる原因である。

現在の国家の原型は,西欧近代社会の誕生とともに生まれた。西欧近代社会において国家はどのように位置づけられたのであろうか。西欧近代がいつからはじまるかについては,さまざまな説があるが,そのスタートをルネサンス(14～16世紀)と宗教改革(16世紀)に求めるものがもっともはやく,イギリスの産業革命(18世紀)やフランス革命(18世紀)に求めるものがもっとも遅い。このように西欧近代の起源については,約200～400年のズレがあるが,いずれの説をとるにせよ,19世紀の西欧に近代社会がほぼその全貌をあらわしていたとすることには異論がない。

「社会」の発見と「個人」の発見

　西欧近代社会の特色は、「社会」の発見と「個人」の発見であった。「社会」の発見とは、自然現象とは異なるものとして社会現象が認識されるようになったことである。近代以前の社会では、洋の東西を問わず、自然と社会は未分離であり、それゆえ自然現象も社会現象も根本において同一の原理や法則がはたらいていると考えられていた。万物の根源を火や水に求めた古代ギリシャの自然哲学は、その典型であるし、中国における儒教は、天体の運行にみられる自然法則（自然の秩序）と同一のものが人倫の道（人間の秩序）にもあると考えていた。中世ヨーロッパのキリスト教的世界観のもとでは、自然現象と社会現象はともに神の秩序に支配されていると考えられていた。

　ところが西欧の近代は、自然から社会を分離する努力をした。自然現象には法則があり、この法則は人間の力によって変更不可能であるのに対し、社会現象を支える規範は、人間がつくりだしたものであるから変更可能である。このことに、ヨーロッパ近代の人びとは気づいたのであった。自然とは異なる社会の発見は、社会現象の規則性についての理論的追究へとつながっていったし、社会はつくりかえ可能であるからよりよい社会をつくりだそうとする実践的努力へとつながっていった。

　「個人」の発見は、思想史のうえでは、思索する主体もしくは主観の発見であり、個人もしくは主観が、行為や認識の出発点として重視されるようになった。この個人もしくは主観を重視する考え方は、個人主義と呼ばれ、西欧近代を特徴づける思想となった。「個人」の発見は、「社会」の発見と連動することによって、個人は社会をつくりかえる主体として位置づけられた。しかし個

人と社会，自由と連帯というテーマは，近代社会の原理を追求すればするほど，両立させることの難しいテーマであった。と同時に西欧近代社会の原理を受容したすべての社会にあてはまるテーマになっていった。つまり個人の自由を尊重しながらも，秩序ある社会をいかにつくりだすかということが，社会科学のもっとも重要な課題となっていった。

市民社会としての西欧近代

　西欧近代とは，自然から社会と個人が独立して認識されるようになった時代である。そして自然から区別された社会は，市民社会と呼ばれた。市民社会とは，市民によって構成された社会，もしくは市民が社会の中心的な担い手になる社会のことである。ここで問題になるのは，市民がいかなる人びとをさしているのか，あるいは市民階級とはいかなる人びとなのかということである。市民社会を構成する市民という場合，いうまでもなくわが国の日常用語で使われる「A市市民」「B市市民」が意味する，A市，B市という地方自治体の住民としての市民とは，意味を異にする。

　市民には，次の2つの意味がある。1つはヨーロッパ中世の村落共同体の構成員と対比された「都市の住民としての市民」である。もう1つは，封建的な身分関係とは異なる「近代的な人間関係の体現者としての市民」である。これら「都市の住民としての市民」と「近代的な人間関係の体現者としての市民」とは，現実には重なりあっていた。西欧近代の歴史は，市民という理想化された人間像を掲げて，近代社会を実現していく過程であった。

> 市民社会では私的領域と公共領域が区別されるようになった

市民社会は、共同体の対立概念であり、その第1の特色は、それまでの社会とは違って、私的領域と公共領域が明確に区別されるようになったことである。

　前近代社会では、生産機能も、教育の機能も、ともに家族によって担われていた。家計と経営が未分離であり、家族が生産機能を担っていたことは、たとえば平安時代の藤原氏の荘園経営に明らかである。藤原氏の荘園経営がどんなに大規模に全国的に行われていたとしても、あくまで藤原氏の家計の一環として行われていた。江戸時代における江戸幕府の天領経営もまた、江戸幕府という1つの大きな台所をまかなうためになされたのであり、江戸幕府から独立していなかった。この意味で家計から独立した別個の組織としての企業は存在しなかった。ところが近代になって、企業による工場制度が出現すると、生産機能は家族から分離した企業が担うようになった。この生産点（企業）と生活点（家族）との分離は、近代になってはじめて生じた現象であるが、現在の日本では当たり前になっていて、「お父さんは会社に働きに行く」という俸給生活者（サラリーマン）が大多数を占めるに至っている。

　教育機能についても同様である。前近代社会では、子どもの教育は家族もしくは親族によって行われていた。未開社会におけるイニシエーションをはじめとする通過儀礼が注目されるのも、通過儀礼が、子どもから大人への成長のプロセスに対応する形で、子どもを教育し、集団へ統合する機能をもっていたからである。ところが近代になって、公教育制度が成立すると、教育はもっぱら学校で行われるようになった。なお西欧についていえば、西欧中世の貴族たちは家庭教師によって子どもの教育を行っていたが、

この家庭教師制度がしだいに学校教育制度にとってかわられ，知識が大衆に普及していったことは，産業社会の中核をなす中間層を育てることに貢献した。

　このように市民社会では，私的領域はもっぱら家族によって担われるのに対し，公共領域は企業や学校によって担われるようになった。言葉をかえれば，家族は私的領域へおしこめられたのに対し，公共領域を担うさまざまな近代的な組織と市民が出現するようになったのである。公共領域は，経済・政治・文化の3つの領域からなるから，この3つの領域にそくして近代的な組織と市民がいかなるものであるかをみてみると，第1に経済の領域では，経済活動の自由，職業選択・移動の自由が確立し，資本主義の勃興とともに近代的な企業や労働組合が成立するから，市民は産業化を担う主体として登場してくる。第2に政治の領域では，法のもとでの平等，三権分立，政党・結社の自由，参政権などが確立し，政党や言論機関が誕生するから，市民は民主化を担う主体として登場してくる。第3に文化の領域では，神の拘束から解放された個人の出現によって，聖俗の領域が分化し，俗の領域独自のものとして近代科学が成立してくる。近代科学成立の思想的背景になったのが啓蒙主義であり，啓蒙主義は理性と理性が生みだす科学的知識へのゆるぎない信頼を特徴にしていた。実際，西欧近代科学は，技術と結びつき，産業革命を引き起こし，資本主義発展の起動力になった。したがって文化の領域では，学校や文化団体などの組織が出現し，市民は世俗化を担う主体として登場してくる。これら企業，労働組合，政党，言論機関，学校，文化団体などの近代的な組織はアソシエーションと呼ばれる。そしてさまざまな立ちあらわれ方をする市民を総称するならば，少々理想化

されているが，大塚久雄にならって「近代的な人間類型」と呼ぶことができる。

公共領域における経済秩序と政治秩序の分離

近代市民社会の第1の特色がいままでみてきたように，私的領域と公共領域との分離だとするならば，第2の特色は，公共領域において経済の領域が政治の領域から分離し，相対的独立性を確保したことである。たしかに前近代社会では，経済活動は政治活動と不可分一体となって行われていた。たとえば古代エジプトのピラミッド建設のための強制労働や，欧米の植民地のプランテーションでの労働は，支配者の権威と強制のもとに行われた。ところが近代になると，企業家は政治権力から独立して企業活動を行うようになったし，労働者も自分の意思にもとづいて労働し，その報酬として賃金を受け取るようになった。このような公共領域の経済秩序の根幹をなすのが，市場である。市場とは，売り手と買い手によって取引が行われる抽象的な場であって，空間的な場所ではない。市場は，財の交換をとおして財の価格を決定するとともに，財の配分を行っている。

公共領域の経済秩序の根幹をなすのが市場であるのに対し，政治秩序の根幹をなすのが近代国家である。近代国家の特色は，第1に領土が確定していること，第2に国民国家ともいわれるように，国家が国民の概念と対応していることである。第1点は，古代や中世には領土の確定しない遊牧国家があったことを考えれば，明らかである。第2点は，確定した領土内にいる人びとが国民として，国家と対応づけられることである。戸籍などをつうじて国家によって国民として把握された人びとは，国家からさま

第13章　国家と市民社会　　221

ざまなサービスを受けることができる反面,納税,義務教育をはじめとする義務を引き受けることになり,ここに国家と国民との間に権利義務関係が成立する。したがって近代国家は,それまでの国家に比べて格段に,そのコントロールの及ぶ対象と範囲を明確にしたのである。

開発途上国の国家

開発途上国においては,国家は先進国以上に強大な権力を有するようになる。というのは,日本のように遅れて近代化をスタートした社会は国家による強力なリーダーシップが必要であり,「上からの近代化」が行われるが,たんにそれだけにとどまらない理由がある。日本と違い,開発途上国は言語の異なる民族からなることが多い。このような社会では文化的一元化をめざして,公用語として英語やフランス語が採用される。そうすると公用語(英語やフランス語)を用いる知識人やエリートと,原地語を用いる民衆という階級構造が成立してしまい,民衆は選挙をはじめとする政治過程から排除されてしまうからである。開発途上国の社会では,国家が経済的支配のみならず文化的支配によっても強大な力をもつようになるから,そもそも民主主義を成立させることが不可能になってしまう。開発途上国における国家は,先進諸国とは少々異なった意味で,民衆を脅かす存在となるのだ。

市場によるコントロールと国家によるコントロール

市民社会において最大の力を有するのは国家である。近代国家は市民社会の産みおとした鬼子であり,しばしば暴走してきた。このことは,第2次世界大戦へと導いたナチス・ドイ

ツおよび日本などのファシズム国家の行為をふりかえれば、一目瞭然である。残虐な戦争を引き起こした主体が国家であることを考えると（もちろん国民主権のもとでは、国家は私たち国民の支持によって成立しているのだが）市民社会のなかに国家をどう位置づけるかということは、大問題である。

近代社会科学の祖の1人であるT. ホッブズは、『リヴァイアサン』（1651年）において、人間が自己保存の欲求ともいうべき自然権を行使する限り、自然状態では「万人の万人に対する戦い」になるとした。そしてこの「万人の万人に対する戦い」をさけ、理性の命令である自然法を実現するためには、社会契約によって自然権を主権者（コモンウェルス）に委譲しなければならないとした。ホッブズの主張は、国家主権の立場から当時のイギリスの王政を擁護するものであったから、しばしば保守的な考えとみなされてきた。しかし近代国家の有する強大な力を、旧約聖書ヨブ記に登場するリヴァイアサン（地上の王）になぞらえ、国家がいかにして社会のなかに正当性を確保するかということを論証した点においてすぐれていた。ホッブズ以後、国家の位置づけをめぐってさまざまな議論がなされてきたが、大別すると、国家の役割を最小限にしようとする考え方と、国家の役割を重視しようとする考え方の2つがある。

前者の考え方は、市場メカニズムを尊重する考え方である。市場メカニズムは、社会的資源を社会にとってもっとものぞましい形に配分するから、市場への国家の介入を最小限にして、市民社会を実現しようとするものである。これは、市場メカニズムを「見えざる手」と呼んだアダム・スミスや、社会進化論者H. スペンサーによって唱えられ、「安上がりの政府」「レッセ・フェール

思想」として結実していった。スミスやスペンサーの考え方は，初期資本主義の楽園時代を反映してきわめて楽観的であり，その後，夜警国家論と呼ばれるようになった。

これに対して後者の考え方は，市場メカニズムにまかせておくと，不況や恐慌が発生し，貧富の格差も拡大するから，国家の介入によって市場の働きを抑制しようとするものである。今世紀になって有力になったこの考え方の代表者は，J. M. ケインズである。彼は公共事業などをとおして国家が経済に介入し，有効需要を高め，経済活動を活性化させることを唱えた。国家による介入のなかでも，とりわけ福祉政策を重視し，福祉政策を中心にして市場メカニズムのマイナス面を矯正しようとするものは，福祉国家論と呼ばれる。福祉国家論は，利潤原理の働かない分野に，国家による何らかのサービスを提供して，市民社会を建設しようとするものであるから，必然的に「安上がりの政府」ではなくて「大きい政府」を唱えることになる。たしかに高齢化と過疎化の進む地域に利潤原理を単純に適用して，たとえば国公立病院を統廃合したらどうなるか。地域社会が医療の面から解体するのは目に見えている。そうならないためにも，国家による補助が必要である。利潤原理と市場メカニズムが重要であることは認めるにしても，国家による政策がうまく作動すれば，利潤原理と市場メカニズムの働かない分野も活性化するにちがいない。以上２つの考え方は，対照的ではあるものの，ともに市場の必要性も国家の必要性も認めている点で穏健である。

ところがもっと過激な考え方もある。国家のもつ大きな力やうっとうしさに敏感な人びとは，しばしば国家のない社会を構想した。これらの人びとは，国家による一切の管理や権威による支配

を拒否し,国家の廃絶をめざす。このように国家のない社会の実現をめざす思想を総称して,アナーキズム（無政府主義）という。アナーキズムを唱える人びとは,国家の廃絶とともに,市場メカニズムを否定することが多く,そのためコミューンやユートピアを建設して共同体を復権しようとした。

アナーキズムは,何よりも自由に重きをおく人びとの見果てぬ夢であり,実現することのきわめて困難な理想である。たしかにアナーキズムの理念はさまざまな問題点をはらんでいるが,国家のもつマイナス面を正しく指摘している点で,いまなお意義を有しているし,西欧近代が希求しつづけた市民社会の理想は,もしかするとアナーキズムにおいてのみ真に実現されるのかもしれない。いずれにせよ,市民社会における市民と国家ののぞましいあり方を追求していくことは,家族に代表される私的領域と,市場と国家に代表される公共領域との新しいあり方を提示することにほかならない。そのさい私たちには,市場や国家が暴走しないように,チェックする能力が要求されているのである。

サマリー&文献

この章では,国家が恩恵をもたらす存在であるとともにうとましい存在であることを理解したうえで,西欧近代の誕生とともに,市民社会と国家がどのように関係づけられてきたかをみた。西欧近代が「社会」と「個人」を発見したことについては,①が説得的な議論を展開している。

西欧近代の市民社会を論じたものには優れたものが多いが,戦後日本の社会科学を代表する名著として②と③がある。④は,ルネサンスからマルクス主義の成立に至るまでのヨーロッパの社会

思想をとおして，西欧近代を浮き彫りにしているし，⑤は，イギリス市民革命の歴史的経過と意義を論じた研究書である。コンパクトにまとめたものとしては，⑥がある。

　国家論としては，古典であるが，やはり⑦が今日でも読むに値する内容である。近代社会を前近代社会との対比で論じたものとしては，これも古典であるが，ゲマインシャフトとゲゼルシャフトという概念を提示した⑧がすぐれている。

　21世紀を迎え，国際社会で「文明の衝突」が日常化する一方で，日本社会では若者の心性に，従来とは異なるナショナリズムが浸透しつつある。このことを「ぷちナショナリズム」という言葉で活写した作品が⑨である。

① 正村俊之［1995］，『秘密と恥』勁草書房
② 高橋幸八郎［1950］，『市民革命の構造』御茶の水書房
③ 大塚久雄［1956］，『欧州経済史』弘文堂
④ 城塚登［1960］，『近代社会思想史』東京大学出版会
⑤ 浜林正夫［1971］，『イギリス市民革命史』増補版，未來社
⑥ 友枝敏雄［1995］，「市民社会」『ブリタニカ国際大百科事典全面改訂版』TBSブリタニカ
⑦ エンゲルス，F.［1965］，『家族・私有財産・国家の起源』戸原四郎訳，岩波文庫
⑧ テンニース，F.［1957］，『ゲマインシャフトとゲゼルシャフト』上下，杉之原寿一訳，岩波文庫
⑨ 香山リカ［2002］，『ぷちナショナリズム症候群』中公新書ラクレ

——————友枝敏雄◆

第14章 移民と国民国家

グローバル化のなかの社会

◆スカーフ事件◆◆◆

1990年代から2000年代にかけて、フランス各地でいわゆるスカーフ事件が生じた。それは、イスラームの教えに沿って宗教スカーフをかぶって登校してくる女子学生を、公教育の場から追放しようとして生じたものであった。世俗と宗教、キリスト教とイスラーム、市民社会と集団原理の対立としてしばしば伝えられるこの事件の背後には、グローバル化がもたらした一連の社会変化と、それに対する国民意識の動揺がある。

上の写真を見ても、フランス国旗をスカーフにすることで、多数派の排除や非難に静かに抗議するこの少女の、何と爽やかなことか。偏狭なナショナリズムや文化の概念に閉じこもるのではなく、他者の文化を取り込み流用しながら、より自由な世界を築いていこうではないか。

グローバル化の世界　みなさんも、ユニクロのシャツやジーンズの1枚や2枚はおもちだろう。今日では、価格が安く、比較的品質のよい製品をあつかう衣料品メーカーの代名詞のようになっているこの会社だが、ユニクロとしての創業は1984年と、それほど歴史があるわけではない。そのユニクロが、2006年には売り上げが4000億円を超えるなど、わが国の衣料品メーカーを代表する会社にまで成長したのには理由がある。製品のコンセプトやデザインは日本で行い、原料の調達と縫製は人件費の安い中国で行うという、国際分業を徹底させたことがその成功の理由であった。

同盟国と植民地に閉じ込もるブロック経済が第2次世界大戦につながったとの反省から、戦後の国際経済はGATT（1995年からはWTO）を中心に組織されてきた。輸出品や輸入品にかける税金を関税というが、GATTはそれを下げることで、国際経済の動きを活発化しようとしてきた。もし関税が高ければ、せっかく人件費の安い中国で製品をつくったとしても、日本に輸入されたときには高い商品になってしまう。ユニクロの成功も、工業製品の輸出を中心に成長してきた日本経済の発展も、ある意味ではGATTとWTOのおかげであった。

現代の世界はグローバル化の世界といわれる。商品と資本と人間と情報が猛烈な勢いで国境を越えて移動する世界、それがグローバル化の世界である。たとえばアメリカ合衆国で消費者がクレームをつけた電話は、そのまま人件費の安いインドのクレーム係につながるという。世界のどんな片隅にいても、世界中の情報にふれることができること、最新の商品を安価に手に入れることができること、がグローバル化の光の部分である。他方、国家の枠

が弱体化したために，多くの国民が不安を覚えていること，工業国と，農産物や鉱業資源を輸出する第三世界との経済格差がますます開いていること，がグローバル化の影の部分である。

ヨーロッパ連合の誕生

グローバル化の時代を迎えて，各国は対応に追われている。なかでも徹底した対応をはかってきたのが，ヨーロッパ連合（EU）である。EUの前身は，1952年にフランスとドイツなど6か国が締結したヨーロッパ石炭鉄鋼共同体であった。その後，1967年には，旧西ドイツ，フランス，イタリア，ベネルクス3国が加盟するヨーロッパ共同体（EC）となり，1994年にEUへと発展したのである。

EUは，加盟国が，通貨，外交，安全保障，環境政策などを共通で実施しようとするものであり，2017年3月の時点で加盟国は28か国に増大している。その域内では，人間と資本と商品の移動は原則として自由であり，ヨーロッパに人口5億の巨大な市場が誕生したようなものである。その結果，統一通貨であるユーロは合衆国のドルに劣らない評価を受け，加盟国相互の経済交流によって安定した経済成長を実現するなど，EUの経済政策は一定の成功を収めている。

その反面，加盟国の間に物価や賃金，社会保障などで大きな格差が残っているため，ドイツをはじめとする工業国の企業は，賃金の安い旧東ヨーロッパ諸国に工場を移すなど，資本の移動がさかんになっている。その結果，**図14-1**にみられるように，資本の輸出国では企業は莫大な利益を得ているのに対し，賃金は低い水準に抑えられ，失業率は高い水準にとどまり，社会保障の資金が不足するなどの問題が生じている。また，EUの決定が各国の

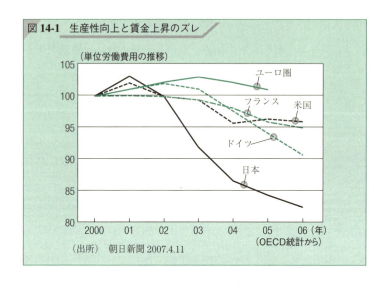

図 14-1 生産性向上と賃金上昇のズレ
（単位労働費用の推移）
（出所）朝日新聞 2007.4.11
（OECD統計から）

政策に強制力をもつため，国家は主として国内政策にのみ関与し，力を失いつつある。その結果，各国の国民は内面的に境界をつくろうとして，ナショナリズムや極右がどの国でも台頭している。

すでに実現された東南アジア諸国連合（ASEAN）や北アメリカ自由貿易協定（NAFTA），さらには構想段階にある日本を含めた東アジア共同体など，各国はグローバル化に対する対応に追われている。このような対応ができる国はまだよい。問題は，その外側に置かれた国家であり，その住人である。彼らの多くは流入する商品によって欲望をかき立てられる一方で，それを購入するお金をもたない。そのため，彼らのうちの一部はあらゆる手段を尽くして先進工業国に潜り込もうとする。また，先進工業国の側でも，肉体労働を嫌う傾向が広まり，少子高齢化によって労働人口が減少するなど，彼ら移民に対する需要は増すばかりである。

外国人単純労働者を締め出してきたわが国でも，不足する介護

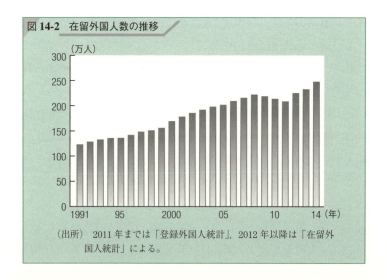

図14-2 在留外国人数の推移

（出所） 2011年までは「登録外国人統計」，2012年以降は「在留外国人統計」による。

従事者を補うために導入が決定されるなど，門戸を開く政策に転換しつつある。在留外国人の数は，図14-2にあるように増加傾向にある。労働移民，非正規滞在者などと呼ばれる外国からの移民を，どのように処遇し，どのように取り込んでいくかは，日本を含めた受け入れ国の大きな社会問題になっている。この点で，日本に先んじて移民を受け入れてきたヨーロッパ諸国の事例は，私たちにとっても今後の対処を考えるうえで重要である。

移民問題の増大

2005年は，ヨーロッパにおける国民国家を考えるうえできわめて重要な年であった。2005年7月に，ロンドンで地下鉄爆破テロが起きた。それを引き起こしたのは，イギリス国民であるパキスタン系移民の第2世代の若者であった。その2週間後には，東アフリカ系の住民の手で，交通機関の爆破を狙った別のテロ未遂事件が生じてい

第14章 移民と国民国家　231

る。これらの事件を引き起こしたのは、イギリス国内に職業をもつか、高等教育機関に在籍する学生であった。彼らはイギリス社会にうまく統合されていると信じられていただけに、事件の衝撃は大きなものがあった。

　一方、2005年10月から11月にかけて、フランス全国の都市郊外で、車が1万台以上放火され、数十の公共施設に火がつけられるという「都市暴動」が起こっている。フランス政府は約50年ぶりに非常事態宣言を出すまでに追いつめられたのだが、これも主体となったのは、都市近郊に住む、移民の第2世代を中心とする若者であった。フランスでは、外国人移民の子弟は成人に達した段階でほぼ自動的にフランス国籍を取得する。その彼らが主となって起こした事件であった。

　これらの事件が起こったのがイギリスとフランスであったのは、大きな意味をもっている。イギリスとフランスは国民国家を世界に先駆けて建設した国家であり、植民地支配と経済的優位を背景に、国民国家のモデルを世界中に輸出してきた国家である。ところがそのモデル国でさえ国民統合に成功していないということが、世界中に知られた。いったいどこに国民統合に成功した国家があるのか。あるいは、どの国家をモデルにして国民統合を考えればいいのか。それが、この2つの国で2005年に生じた事件が世界に対して突きつけた問いであった。

国民（ネーション）とは何か

　現代の世界の根幹にあるのは、国民国家である。国民国家というのは、その名のとおり、国家という側面と、国民という側面の2つを含んでいる。国家については第13章で論じている

ので，ここでは国民とは何かを考えたい。

　国民が問題になるようになったのは，それほど古いことではない。アメリカ合衆国やフランスで国民を主体とした国家，すなわち国民国家が建設されたのは18世紀の後半である。それまでは，フランス革命の一因となったマリー・アントワネットが，オーストリア・ハプスブルク家の出身であることが示すように，王族や貴族は国境を越えて政略結婚をくりかえした。国民国家が普及するまで，国家の基礎にあったのは，国民と国民の間の境界ではなく，王や貴族と平民との間の境界であった。これが，身分制社会と呼ばれるものである。

　これに対し，革命によって王を処刑したフランスでは，国民皆兵を実施し，国民全体が敵国と闘うようになった。フランス国民軍はヨーロッパ各地に進出し，連勝を重ねた。このとき，フランスに占領されていたドイツで，ドイツ国民としての誇りをもつように呼びかけたのが，有名な哲学者 J. G. フィヒテであった。彼の一連の講演は『ドイツ国民に告ぐ』（1807〜08年）というパンフレットとなって出版され，増刷を重ねた。フィヒテがドイツ国民の基礎として考えていたのは，共通の言語であり，大地であり，記憶であり，文学や哲学の作品であり，教育であり，宗教であった。彼はこれらの要素を総称するために民族（フォルク）の語を用いたが，この英訳がネーションである。

　フィヒテが民族を構成する要素として考えたのが，共通の記憶や言語，宗教，大地などであったことが示すように，民族とは個々人を超越する原理として考えられていた。当時のドイツには統一国家が存在していなかったので，民族は新しく国家を樹立するための神聖な原理とされただけでなく，そのようなものとして

他のヨーロッパ諸国に,ついでアジアやアフリカの諸集団に伝えられた。民族を主体とし,その自決権を主張する運動をナショナリズムというが,ナショナリズムは第2次世界大戦後に独立するアジア・アフリカ諸国の政治運動の支柱となったのである。

文化とは？

民族と重なる内容をさすことばに文化がある。民族が,言語や記憶,大地,宗教,人文的作品などを共有する人間の集団をさすのに対し,それらの諸要素を総称することばが文化である。また民族は,一国家の主体となるときには国民と呼ばれるし,アメリカ合衆国やカナダのように複数の民族が共存している国家においては,個々の集団はエスニック・グループと呼ばれ,彼らの文化的特徴はエスニシティと呼ばれるのが一般的である。

このとき,民族とその精神的内容としての文化は国家建設の主体とみなされたので,国家が領土という境界をもつように,文化も境界をもつ実体だと考えられるようになった。食文化にしても生活慣習にしても,あらゆる文化的要素はたえず外部の要素を取り込みながら変化し,革新をつづけるものである。しかし,文化の枠と国家の枠が一致させられたために,1つの文化は他の文化に対して排他的なものとみなされるようになった。国民とは文化を共有する集団であり,そうであるがゆえに共通の意識をもち,共通の行動パターンをとるとされたのである。

近代以前の国家においては,日本の北と南では方言が異なり,宗教も異なるなど,地域的な偏差は大きなものがあった。フランスではその差はさらに大きく,フランス革命時にフランス語を日常的に喋る人間は人口の半数程度であったとされる。一方,近代

国家は学校教育をつうじて共通の言語を教え,共通の儀礼を実践させ,共通の道徳と価値を強制した。かくして,文化とは歴史のある時点でつくりだされ,国民育成の柱として強制されたものであったが,他国との戦争に明け暮れた19〜20世紀には,国民の内面にある不変の本質として絶対的なものとされたのである。

国民統合の2タイプ

国民の考えが文化ないし価値体系の共有を前提にしているとすれば,そこで問題になるのが,そういう文化や価値体系を共有しない人びとの存在である。それは,キリスト教を基礎とするヨーロッパ諸国におけるムスリム移民であり,わが国におけるアジア系や南米系の移民である。多数派から見れば少数派である彼らは,文化や価値体系の共有を前提にする国民国家の原理からすれば,同じ国民とみなすことのできない人びとである。したがって,彼らをどのようにして統合していくかということが,国民国家のあり方そのものにかかわる問題になってくる。

ここで,国民統合を実現するために取り組まれてきた社会政策についてみておこう。それは,大きく2つのタイプに分けることができる。1つは,イギリスなどで行われている多文化共存の考え方である。

イギリスでは,移民とその子弟はエスニック・マイノリティとして認知され,国勢調査も各自の民族性や宗教にもとづいて行われる。彼らは集団として,国政および地方政治に自分たちの代表を送り込み,そこで自分たちの利益を主張することができる。また,少数派は経済的・社会的に不利な状況におかれることが多いので,自分たちの利益を確保するための優遇措置,つまりアファ

ーマティブ・アクションを要求することができる。このような政策は，多文化主義あるいはマルチカルチュラリズムと呼ばれ，カナダやオーストラリア，アメリカ合衆国などの，国民の大半が移民からなる国家もこのような政策を実施している。

　これと対極的なのが，フランスの共和国モデルである。フランスでは1789年の革命以来，4度の革命が生じており，既得権益をもつ諸団体はその過程で徹底的に排除された。フランスでは国家は自由で独立した諸個人からなるものとされ，国家と個人の間に中間団体の存在を認めていない。したがって，外国人移民やその子弟はエスニック・グループとしての独自のステータスをもたず，政治に代表を送り込むこともない。

　そのような，フランス的な統合モデルの基礎が学校教育である。フランスでは教育は小学校から大学まで無料であり，成績のみで選抜が行われ，学生はそれによってさまざまな仕事へと振り分けられる。各自が各自の能力に応じて，そして各自の自由意志において，国家＝共和国を構成する主体になること。それがフランスの統合モデルの根幹にある考え方である。宗教スカーフをかぶる女子学生が公教育から追放されたのもそのためであった。彼女たちは，共和国を構成する自由な個人である以前に，特定の宗教の信者であることを主張するのだから，共和国の構成員を育成するための公教育の場にはふさわしくないと解釈されたのである。

　国民統合のためにとられてきた政策には，以上の2通りのタイプがある。しかし，そのいずれもが十分には機能していないのが現実である。多文化主義を採用するイギリスでも，共和国モデルを採用するフランスでも，移民の第2世代を中心に暴動があいついで生じている。2005年の一連の事件は，彼らを社会的・文

化的に統合することが困難であることを,あらためて示している。

荒れる都市郊外

なぜ,彼らの統合が困難なのか。フランスにおける実情を,もう少しくわしくみていこう。

人口停滞を経験したフランスは,外国人労働者の受け入れに積極的であった。外国人移民は,20世紀の前半まではヨーロッパの国々からの移住者が主であったが,1960年以降,アルジェリア,モロッコなどのマグレブ系が多数を占めるようになっている。フランス国内の多数派とは,宗教も違えば生活慣習も異なる外国人とその子弟が,社会のなかで可視化され,その異質性が問題になっているのである。

一方,経済危機のなかで,企業は外国人単純労働者の首切りを行い,毎年10万人を超える失業者を生みだした。外国人移民のための住居対策として,都市郊外にシテと呼ばれる大規模団地があいついで建設されたが,そこは失業者のたまり場と化し,学校も荒れたままに放置された。なかでも重大なのは失業率の高さであり,フランス平均の失業率が9.5％であるのに対し,マグレブ系のそれは30％,16〜24歳の若年層にかぎってみれば,フランス平均のそれが20％であるのに対し,マグレブ系のそれが50％と,3倍近くの失業にさらされている。かくして,都市の郊外の多くはスラムと化し,毎年のように「都市暴動」がくり返されているのである。

以上のような失業の増大と住環境の悪化に並行する形で,各種の犯罪が図 **14-3** にあるように増大し,フランス国民の多くは治安の悪化に危機意識を抱いている。また,失業者への手当や,家

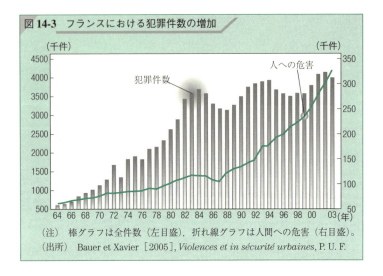

図14-3 フランスにおける犯罪件数の増加

（注）棒グラフは全件数（左目盛），折れ線グラフは人間への危害（右目盛）。
（出所）Bauer et Xavier [2005], *Violences et in sécurité urbaines*, P. U. F.

族手当，住宅政策などに多額の資金が必要なことも，社会問題になっている。こうした国民国家の危機に対し，一部の極右勢力は，すべての悪が移民のせいだというキャンペーンを張ることで勢力を拡張してきた。その1つである国民戦線は，1982年以降つねに15～20％前半の得票率を獲得している。

極右勢力の躍進は，ヨーロッパのすべての国々にみられる現象である。彼らは，外国人移民とその子弟の増加，EUの拡大による国家の弱体化，社会的な紐帯の弛緩といった，グローバル化がもたらしたさまざまな変化や困難の原因はすべて移民にあるとする。それゆえ，彼らを排除さえすればすべての問題は解決するというのである。彼らは，一連の社会問題の真の原因を直視するのではなく，移民をスケープゴートにしたて，すべての悪の原因を押しつけることで，それを乗り切ろうとしているのである。

グローバル化のなかの国民国家

グローバル化が世界的に進行するなかで、国境を越えて移動する人間の数は増大する一方である。国民国家はこれにどう対処すべきかということは、日本を含めた、世界のすべての国家が直面している問題である。このとき、2つの次元を混同しないことが必要だろう。1つは、みずから外国への移住を選択した人びとの問題である。彼らの多くは自分の文化とアイデンティティの根拠を出身地においているので、彼らに対しては地方選挙権の付与や社会保障など、法的・社会的措置で対処することができる。より深刻なのはその第2世代であり、彼らは両親の文化からは切り離される一方で、自分が教育を受けた受け入れ国の文化には、人種差別もあって完全に統合されることができない。

フランスにかぎってみれば、こうした移民の第2世代の若者たちは、各種の抗議行動を組織すると同時に、それまで存在していなかったラップやグラフ（壁に絵や文字を描くこと）などの新しい文化を創出した。その一方で、失業に見舞われている彼らの一部は、ドラッグなどの犯罪に手を出し、重大な社会問題となっている。また、彼らの統合に失敗したフランス社会に代えて、イスラームに自分たちの根拠を求める若者の数もふえている。1991年以降、フランス全土で問題になったスカーフ事件は、このような背景のもとでとらえるべきである。

グローバル化の進行とEUの拡大のなかで、文化的に異なる人びとの統合はどうなっていくのだろうか。最善のシナリオがあるとすれば、国民の生命と生活を保護する国民国家の連合としてのヨーロッパの建設があり、その枠のなかで各国が移民の第2世代を、文化的異質性を承認しつつ国民として受け入れていくことだ

ろう。最悪のシナリオがあるとすれば、彼らの統合に失敗した諸国が、彼らを警察権力によって抑圧・監視下におくとともに、文化的に異質な存在を国民から排除していくことだろう。そこに生まれるのは監視国家であり、自由と市民社会の祖国としてのヨーロッパは、そこにはもはや存在しないのである。

現在ヨーロッパで問われていることは、日本を含めた他国の将来である。私たちは、グローバル化の時代に対応可能な国民国家の新しい形と、開かれた文化の概念をつくりだすことを、求められているのである。

サマリー&文献

この章では、グローバル化と呼ばれる現象が引き起こしている一連の社会変化について検討した。そうした事態を、多くの人びとが歓迎するのではなく、むしろ困難の増大と考えていることを、外国人移民とその子弟に対する排除の問題をつうじて考えてきた。

グローバル化が、国境を越えてヒト・モノ・カネ・情報が移動する状況であるとすれば、そのとき問題になるのは、これまで私たちの生活と意識に大きく影響してきた国民国家という枠組みである。グローバル化は日々進行している現象であり、主として経済学や政治学の領域で多くの研究があるが、ここでは紹介しない。ここで紹介するのは、グローバル化が個々の社会や国家の内部で引き起こしている諸問題をめぐる研究である。

国民国家とは18〜19世紀につくられ、20世紀をつうじて世界中に輸出された制度であり、制度としての国家と、意識としての国民からなる。国民あるいはネーションが世界中に広まる根拠となったのが①であり、ネーションの内容についてこれ以上明確

にしたものはない。②は、国民国家の建設の背景に、各種のメディアの発達とそれによる共通の記憶の創出が存在したことを明らかにしたものである。③は、複数の民族や文化の共存のために、政治思想の領域で議論されてきたマルチカルチュラリズムの理念を示したものである。

　国民と文化とが密接に結びついた結果、文化は今日ではしばしば特定集団を排除するための道具として活用されている。そのことを、歴史的な過程を踏まえつつ、批判的に論じたのが④である。⑤は、文化人類学の内部で、文化の概念がどのようにして確立され、各集団の本質とみなされるようになったかを跡づけたものである。本質としての文化を批判するのに力があったのがカルチュラルスタディーズと呼ばれる学問分野であり、⑥はその視点からの文化に対するとらえ方を示している。

　フランスにおける移民の問題を、政治・経済・社会・文化の各方面にまたがって論じたものとして、⑦がすぐれている。⑧は、ヨーロッパの各地で生じているイスラームをめぐる諸問題を、各国の例をとりあげて論じたものである。⑨は日本における移民のさまざまな問題を、手際よく整理している。

　文化間の対話をどう実現していくか、文化的に異なる存在と共存可能な社会をどうつくっていくかは、まさに21世紀の課題である。社会学も、文化人類学、政治学、カルチュラルスタディーズなどの隣接の諸科学と協力しながら、この問題にとりくんでいく必要がある。

① フィヒテ，J. G.［1999］，『ドイツ国民に告ぐ』石原達二訳，玉川大学出版部
② アンダーソン，B.［2007］，『定本 想像の共同体』白石隆・白石さや訳，書籍工房早山
③ テイラー，C.ほか［1996］，『マルチカルチュラリズム』佐々

木毅ほか訳, 岩波書店
④ フィンケルクロート, A.［1988］,『思考の敗北あるいは文化のパラドクス』西谷修訳, 河出書房新社
⑤ 竹沢尚一郎［2007］,『人類学的思考の歴史』世界思想社
⑥ 吉見俊哉［2003］,『カルチュラル・ターン, 文化の政治学へ』人文書店
⑦ ハーグリーヴス, A. G.［1997］,『現代フランス』石井伸一訳, 明石書店
⑧ 内藤正典［2004］,『ヨーロッパとイスラーム』岩波新書
⑨ 駒井洋［1999］,『日本の外国人移民』明石書店

　　　　　　　　竹沢尚一郎 ◆

第15章 グローバル化と公共圏

民主主義のゆくえ

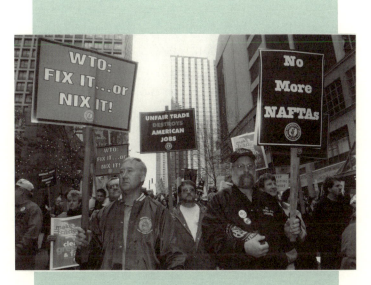

　1999年,アメリカ北西部の都市シアトルで,WTO（世界貿易機関）の決議を阻止するための抗議デモが行われた。このデモは,WTOが推し進めようとしている経済のグローバル化に抵抗することを目的としており,反グローバリズムの運動もグローバル化していることを物語る象徴的な事件となった。しかしそれにしても,このデモに参加した人びとはなぜ経済のグローバル化が進行することに抗議しようとしているのであろうか。経済のグローバル化は,民主主義という近代の政治システムのあり方にいかなる影響をもたらしているのであろうか。

> グローバル化と福祉国家の危機

1980年代は，いまからふりかえってみると，社会の大きな節目となるような時期であった。第2次世界大戦後，アメリカを盟主とする資本主義陣営とソ連を盟主とする社会主義陣営の間で「東西冷戦」と呼ばれる対立が続いたが，その対立が終焉を迎えた。ハンガリー，チェコ，ルーマニアでは共産主義政権が倒され，90年代に入ってソ連も崩壊した（東欧革命）。それ以後，多くの社会主義国が資本主義化したが，この時期に経済のグローバル化も急速な勢いで進んだ。貿易の自由化はすでに実現されていたが，80年代には資本の自由化も認められ，国境を越えて資本が自由に移動するようになった。企業の海外移転が進み，生産額において国家に匹敵するほどの多国籍企業も誕生した。フォード，IBM，マイクロソフト，ナイキ，シェル，ソニー，トヨタといった企業は，いずれも代表的な多国籍企業である。

1980年代に起こった国際的秩序の変化は，さらに国内的秩序にも及んだ。第2次世界大戦後，多くの先進国は「福祉国家」と呼ばれてきたが，その福祉国家が行き詰まりをみせるようになったのもこの時期である。福祉国家は，個人や企業に対して高い税金を課すかわりに，高い水準の社会保障や社会福祉を実現してきた。しかし，70年代のオイルショックによって国家財政が悪化し，経済のグローバル化がそれに追い打ちをかけた。資本が自由化された段階では，国家が企業に対して高い税金を課せば，企業は税金の安い場所を求めて海外に移転してしまう。そのために，高負担・高福祉という，福祉国家の理念を実現することが難しくなったのである。

経済のグローバル化が国内に及ぼした影響は，しかしそれだけ

ではなかった。福祉国家の危機をもたらした変化は、民主政の危機にもつながっている。もっとも、このことを理解するためには「民主政とはそもそも何か」、「近代の民主政はいかなる特徴をもっているのか」ということを把握しておかねばならない。そこで、いったん古代ギリシャの時代にさかのぼり、民主政の歴史を紐解いてみよう。

古代ギリシャの民主政

「民主政」が「デモクラシー（democracy）」の訳語であることは、だれもが知っているが、「デモクラシー」は、ギリシャ語の「デモクラティア（démokratia）」に由来している。「デモクラティア」は、「民衆」を意味する「デーモス（démos）」と、「力・権力」を意味する「クラティア（kratia）」の合成語で、「民衆の力・権力」をあらわしている。民主政というのは、民衆がみずからの力＝権力をつうじて社会を統治するしくみのことである。

民主政が産声をあげたのは、紀元前5世紀のギリシャである。当時のギリシャには、「都市国家（ポリス）」と呼ばれる、無数の小規模な社会が存在していた。ポリスは、植民活動と海上貿易によって繁栄したが、なかでもアテネは、ペルシャ帝国との戦いで同盟軍の勝利を導いて以来、ポリスの盟主的存在となった。

紀元前5世紀といえば大昔であるが、当時のギリシャ人の世界観は、近代の世界観につうずるところがあった。自然に対する高度な知識が蓄積される一方で、人間の世界は、自然（ピュシス）の世界から区別された規範（ノモス）の世界として認識されていた。「法の掟は合意によるものであって、自然に生じたものではなく、他方自然の掟は自然に生じたものであって、合意によらな

い」(『ソクラテス以前哲学者断片集　第Ⅴ分冊』岩波書店)と語った
のは，ソフィストの1人アンティポンである。ソフィストとい
うのは，後にプラトンやアリストテレスに批判され，後世「詭弁
を弄する者」というレッテルを貼られたが，実際は，金銭的報酬
を得ながら人びとに弁論術や徳の精神を教える人びとのことで
あった。

　ソフィストのような人たちがいたのは，当時のアテネでは，公
共的な場のなかで自分の意見を主張し，相手を説得する必要があ
ったからである。アテネでは，文字どおり「デモクラティア」が
成立していた。アテネの政治は，民会や評議会といった公共的な
場のなかで決定されていた。アテネには官僚機構がなく，日常の
行政運営に携わったのは評議会であった。500人のメンバーで構
成される評議会は，行政の基本単位となる各地区(これも「デー
モス」と呼ばれていた)から抽選で選ばれ，評議員の任期は1年
であった。下層の市民も政治に参加できるように，評議会議員や
他の役職に就いた人には日当が支払われていた。

　そして，戦争と平和，条約，財政，立法，公共事業など，ポリ
ス全体にかかわる最終的な意思決定を行ったのは，市民の総会で
ある民会であった。民会に参加する権利は，下層市民を含む，18
歳以上のすべての市民に与えられていた。ただし，外国人居住者，
奴隷，女性は市民から排除されており，政治に参加できなかった。
その点で，アテネの民主政には大きな限界があったが，ともあれ，
アテネの政治は，市民の全員参加にもとづく直接民主政を採用し
ていたのである。それが可能であったのは，成人男性市民の数が
4万人を超えることはなかったからである。

　都市国家アテネの繁栄と衰退は，民主政と深く結びついてい

た。アテネの繁栄を支えた民主政は、やがて衆愚政治へと変質し、アテネの没落をもたらした。ペルシャ戦争に勝利して以後、アテネは、しだいに他の同盟ポリスを属国化し、帝国的な支配を及ぼすようになった。アテネの勢力伸張は他のポリスの抵抗を招き、ついにはアテネを中核としたデロス同盟とスパルタを中核としたペロポネソス同盟との戦争に発展した。常識的なイメージに反して、帝国的な覇権を求めたのは、軍事国家のスパルタではなく、民主国家のアテネであった。この戦争で敗北して以来、アテネは衰退の一途をたどっていった。アテネの勢力拡大をのぞんだのは、紛れもない民衆であった。プラトンとアリストテレスが民主政に対して否定的な評価を下したのも、民主政が大衆迎合的な指導者のもとに誤った方向に進みうるからであった。

近代の民主政

古代ギリシャで花開いた民主政は、近代に至って、ふたたび歴史の表舞台に登場してくる。ただし、「民主政」や「民主主義」という言葉が肯定的な意味で使われるようになったのは、20世紀に入ってからである。「人民の、人民による、人民のための政治」という、あの有名なリンカーンの演説のなかでさえ、「民主主義」という言葉は出てこないのである。それは、近代においても「民主政の失敗」がくりかえされたからである。フランス革命は、封建的な政治体制を覆した、下からの革命であったが、革命後には、ロベスピエールの独裁政治が行われた。また、第1次世界大戦後のドイツの民主的なワイマール体制のもとで誕生したのも、ヒットラーの独裁政治であった。ヨーロッパでは、「民主政」に対する不信感は19世紀になっても残っていたのである。

とはいえ，古代の民主政と近代の民主政の間には大きな違いがあることもたしかである。その違いとして3つの点があげられる。

 まず第1に，古代ギリシャの民主政がポリスで開花したのに対して，近代の民主政は近代国家（国民国家）の政治システムとして確立された。ポリスは「都市国家」と訳されるように，都市に相当する程度の小規模な社会である。民会や評議会は，対面的なコミュニケーションの場で行われていた。それとは対照的に，近代国家は，無数の都市，無数の共同体を包含した大規模な社会である。B.アンダーソンが国民国家を「想像の共同体」と呼んだように，国民国家は，人びとの観念のうえでのみ成立するような非対面的な共同社会である。

 「福祉国家」という表現は，第2次世界大戦後の国家のあり方をさしているが，もう少し広い視野でみるならば，私たちの国家は近代国家であり，国民国家である。近代国家は，明確な領土を有する国家である。このことは当たり前に思われるかもしれないが，そうではない。近代以前においては，自国と他国を区別する明確な国境が存在したわけではなかった。「領土」という観念が生まれてくるのは，三十年戦争（1618～48年）が終結したさいに締結されたウェストファリア条約においてである。ヨーロッパ大陸の荒廃をもたらした三十年戦争のような悲惨な戦争をくりかえさないためには，各国が互いの領土を尊重しなければならないという意識が芽生えたのである。

 もっとも，ウェストファリア条約の締結と同時に，近代国家が誕生したわけではなかった。近代国家が明確な領土と明確な構成員を有する主権国家として確立されたのは，18世紀末から19世紀にかけてである。それが「国民国家」である。国民国家は，

自国の領土と構成員を明確に規定し，他国からの干渉を受けることなく国内を統治する主権を有する国家である。

　近代の民主政は，このような国民国家の政治システムとして制度化された。民主政は，先に述べたように，その語源からして，民衆による自己統治のシステムを意味するが，近代社会のなかで自己統治を行う民衆とは，国民のことである。もちろん，国民といっても，正確にいえば，参政権を与えられているのは成人であり，しかも最初は男性にかぎられていた。しかし後には，女性にも参政権が与えられ，女性を含む普通選挙制度が確立された。いずれにしても，アテネの市民とは比較にならない数の人びとが主権者として政治の主役となったのである。

　第2に，2つの民主政の違いはその規模にあるだけでない。それぞれの成立基盤となったポリスと近代社会の違いを反映している。福田歓一によれば，ポリスは，最初から共通の信仰と慣習をもった自由民の共同体として成立した。これに対して，近代社会は，当時の人びとの考え方では，バラバラな個人が集まるなかから人為的につくりだされたものである。その出発点にあるのは，自由民の共同体ではなく，原子化された個人である。古代のデモクラシーが「民主政」という統治形態を表現しているにすぎないのに対して，近代のデモクラシーは社会の構成原理になっている。近代のデモクラシーが「民主主義」という原理的・イデオロギー的な意味あいを帯びるのもそのためである（福田歓一『近代民主主義とその展望』岩波新書）。

　ではなぜ，近代の人びとは社会を考えるさい，「バラバラな個人の集まり」という前提から出発したのであろうか。それについてはさまざまなことが考えられるが，ここでは市場経済の発展に

ついてふれておこう。「経済(学)(エコノミックス)」という言葉は，ギリシャ語の「オイコス」に由来しているが，古代ギリシャの「オイコス」は，自由民が各自の土地と奴隷を使って家計を営む自給自足的な経済を意味していた。しかし近代では，貨幣を媒介とした商品交換のシステムすなわち市場経済が発展した。市場経済の発展は，各地に散在していた共同体を分解しつつ広域的な市場圏をつくりだした。共同体の分解によって原子化された無数の個人が生みだされたが，このことが，近代の民主政を成立させる条件として作用したのである。

そして第3に，ポリスの民主政が直接民主政であったのに対して，近代の民主政は間接民主政であるという点があげられる。国民国家のような大規模な社会では，主権者が一堂に会して国の政治を営むことは不可能であるので，国民はみずからの代表者となる政治家を選出し，政治家が政治的な意思決定を行うことになった。政治家の意思決定は，行政（官僚機構）を介して実行に移される。それゆえ，近代の民主政は，<u>間接民主政（間接民主主義）</u>を採用しており，「議会制民主主義」「代表制民主主義」と呼ばれる。

民主政の特徴は，民衆の権力が自分自身に及ぶことにあるが，近代の政治システムは，**図 15-1** のように，権力が循環するシステムとなる。近代の政治システムを，権力が循環するシステムとしてとらえたのはルーマンであるが，国民が一票を投ずることも，政治家が意思決定を行うことも，そして官僚が意思決定を実行に移すことも権力の行使である。国民（民衆）の権力は，国民の代表者である政治家，行政運営の専門家である官僚の権力に媒介されながら，自分自身に及ぶことになる。もし，国民が現在の政治に不満をもつならば，野党に票を入れ，野党を与党にすればよい。

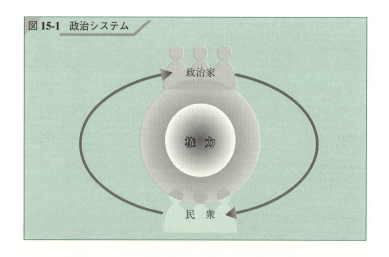

図 15-1　政治システム

　こうしたやり方で国民の意思を政治に反映させようというのが，近代の民主政の理念である。そのさい，留意しなければならないのは，有権者・政治家・官僚のいずれも国民であり，国民国家の内部で権力が循環しているということである。

民主主義・資本主義・国民国家

　このように近代の民主政が，国民を主権者とし，市場経済の発展に支えられつつ，国民国家という枠組みのなかで成立したということは，近代において民主主義・資本主義・国民国家が密接な関係をもっていたことを示唆している。近代社会は，国民国家を基本的な単位にしているが，同時に，機能的に分化した社会でもある。国民国家の内部では，政治システム，経済システム，教育システムといった，機能的に分化したシステムが形成されている。近代社会のなかで民主主義は政治システムを，そして資本主義は経済システムを特徴づけている。

第 15 章　グローバル化と公共圏　　251

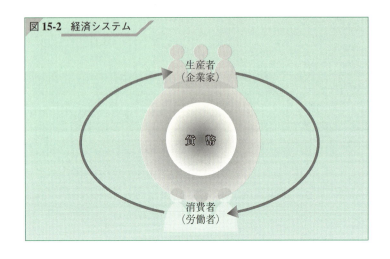

図 15-2　経済システム

　先に、政治システムが権力の循環するシステムであることを述べたが、経済システムも、国民国家の内部で貨幣が循環するシステムとなっている。近代資本主義の成立に関しては、プロテスタンティズムの倫理が資本主義に必要な禁欲的なエートスを生みだしたというウェーバーの説が有名であるが、資本主義が誕生するには、さらにすべての生産要素が市場経済のなかに組み込まれなければならなかった。このことが起こったのが 19 世紀である。市場経済は近代以前から存在していたが、19 世紀になると、K. ポラニーが指摘したように、労働力や土地のように、本来、商品でないものまでも商品化された。それによって、経済システムは、図 15-2 のように、生産者と消費者＝労働者の間で貨幣が循環するシステムとなった。消費者が生産者の生産した商品を買うことも、労働者がみずからの労働力を提供する見返りとして給料を得ることも貨幣的交換である。こうして貨幣は、生産者と消費者＝労働者の間を循環する。

19世紀以前の段階では，1つの国に複数の通貨が流通したり，1つの通貨が複数の国で流通したりしていた。たとえば，アメリカ合衆国では，連邦準備銀行が設立される1913年以前には3万種類の貨幣が使われていた。しかし，連邦準備銀行の創設とともに，合衆国の通貨が統一された。こうして1つの通貨が国民国家の内部で流通するようになったのである。

　政治システムと経済システムは，このように権力と貨幣がそれぞれ循環するシステムとなっている。循環は閉鎖的なループをなしているので，各システムは，循環の閉鎖性によって他のシステムから切り離され，機能的に分化している。しかし，機能的に分化しているとはいえ，2つのシステムの作動する領域は国民国家の領域と重なっていたのである。2つのシステムは，いずれも国民国家という共通の枠組みのなかで成立していた。逆にいえば，国民国家が主権というかたちで国内を統治しえたのは，サブシステムとしての政治システムや経済システムが国民国家という共通の枠組みに収まっていたからである。

近代民主主義の限界

　以上のことを踏まえると，経済のグローバル化がなぜ民主主義に影響を及ぼしたのかがわかってくる。それは，経済のグローバル化によって，これまで資本主義・民主主義・国民国家の間に成り立っていた均衡が破られ，近代民主主義の成立基盤が掘り崩されてきたからである。国家も一個の経済的主体として経済システムに参入するが，その経済システムは，いまや国内市場を越えたグローバルな性格を帯びている。19世紀から20世紀にかけて形づくられた「一国家＝一通貨」という国家と通貨の対応関係も崩れてきた。ドル

が国際金融市場で流通するグローバル・マネーになったことは，その象徴ともいえる。経済システムを形づくっている市場圏が国民国家の枠組みを大幅に越えたことによって，国家は，かつてのように経済政策をつうじて経済を自由にコントロールすることができなくなった。国家がみずからの意志で税の水準を決められないのも，その1つのあらわれである。

このことは，また国民の主権に限界が課せられたということでもある。与党も野党も，経済成長を維持するために法人税の水準を低めに抑えなければならないとすれば，国民の選択肢は自ずとかぎられてくる。国民の主権は，かぎられた選択肢のなかから特定の選択肢を選ぶだけの主権となる。しかも，経済のグローバル化が国民および国民国家の主権を脅かしているケースは，それにとどまらない。

たとえば，1996年，欧州議会が健康上の理由から牛肉に合成ホルモンを投与することを禁止する法案を可決したが，それに対して，米国牧畜業者協会，米国乳製品輸出会議，牛乳生産者連合といった利益団体は合衆国政府を動かして，この禁止が輸入障壁になることをWTO（世界貿易機関）に認めさせた。WTOはそればかりか，アメリカとカナダがヨーロッパに対する報復措置として，果物ジュース，マスタード等，ヨーロッパの輸出品に重い関税をかけることも認めたのである。

経済のグローバル化を推進しているのは多国籍企業だけでなく，世界銀行・WTO・IMF（国際通貨基金）といった国際的機関も含まれる。N.ハーツによれば，これらの機関は，「自由市場」の名のもとに大企業の利益を優先し，民主的選挙を経た政府の要望に逆らった決定を下している。WTOの決定は，各国が国民の生活

を守るために定めた制度の実効性を危うくし，民主主義に脅威を与えているという（ハーツ『巨大企業が民主主義を滅ぼす』早川書房）。

　近代民主主義に限界があることは，以前から認識されてきた。代議制民主主義のもとでは，国民は投票するときだけ主権者であると主張したのは，フランス革命に多大な影響を与えたJ.-J. ルソーであったし，また政治家が自分の支持者の個別利益を優先するという利益誘導政治の弊害も指摘されてきた。しかしいまや，それに加えて，経済のグローバル化が近代の民主主義を空洞化させているのではないかという懸念が表明されるようになったのである。

公共圏——新しい民主主義の可能性

　民主主義は，20世紀に入ると，肯定的に受け止められ，資本主義国も社会主義国もこぞって民主主義を正義の御旗に掲げた。しかし，1980年代以降，社会主義国では，官僚主義化の弊害によって体制が崩壊し，資本主義国でも国民国家の枠組みが揺らぐなかで，民主主義制度がふたたび問われるようになった。それと同時に，新しい民主主義の可能性も模索されはじめている。東欧革命を機にふたたび脚光を浴びるようになった市民社会や公共圏もこの問題に関連している。

　公共圏というのは，一言でいえば，民主的なコミュニケーションをつうじて世論を形成する場のことである。公共圏論の基礎を築いたのは，H. アーレントとJ. ハーバーマスである。アーレントは，公共圏のモデルを古代ギリシャのポリスに求めた。直接民主政のもとで公共的な意思決定を行うコミュニケーション空間を公共圏としてとらえたのである。もちろん，ポリスの公共圏は歴

史的モデルであって,それに限定されるわけではない。

　アーレントによれば,公共圏ないし公的領域は「公開性」と「共通性」によって特徴づけられる。まず,公的なものは,公的世界を構成するすべての人に対してあらわれる(「公開性」)。「私的なもの」がほかの人に対して「隠される」のに対して,「公的なもの」はすべての人に見られ聞かれる。ただし,このことは,すべての人に対して同じように見られ聞かれるということではない。公的なものは,すべてのものに共通するが(「共通性」),共通性は,世界を見たり聞いたりする人びとの見方の共通性ではなく,世界そのものの共通性をさしている。世界が共通であるから,世界はすべての人びとに対して——異なった仕方で——あらわれてくるのである(アーレント『人間の条件』ちくま学芸文庫)。

　ポリスの民会では,先に述べたように,戦争と平和,条約,財政,立法,公共事業に関する意思決定が行われていた。これらの問題は,民会で議論するさいの共通のテーマとして(共通性),コミュニケーションをつうじて開示される(公開性)。コミュニケーションのテーマに対する人びとの見方は異なっているが,人びとの自由なコミュニケーションをつうじて世論が形成されるのである。市民の資格をもつ者すべてが公共的なコミュニケーションに参加しうる場は,公共圏と呼べるものであった。

　一方,ハーバーマスが主題化したのは近代の公共圏であるが,この公共圏も,間接民主主義として制度化されたコミュニケーションの場ではない。ハーバーマスによれば,18世紀のヨーロッパでは,市民がコーヒーハウスやカフェに集まって文化や芸術について自由に語るようになった。だれでも参加でき(公開性),平等な立場で(平等性),しかも既成の権威に支配されることな

く（自律性），討論を行うことができた。近代の公共圏は，このような「文芸的公共圏」として姿をあらわし，やがて政治的な色彩を帯びた「政治的公共圏」へと発展していく。政治的公共圏は，国家の公権力に対抗しつつ，市民が活字メディアを使ってみずからの意見を世論として形成する場であった。政治的公共圏は，市民社会と国家の緊張関係のうえに成り立っていたので，19世紀以降，両者が相互に浸透しあうなかで崩壊していった。

この議論が展開されたのは1960年代であるが，90年代に入ると，ハーバーマスはふたたび，公共圏について語るようになる。彼は，公共圏を「意見に関するコミュニケーションのネットワーク」と定義し（ハーバーマス『公共性の構造転換』新版，未来社），公共圏を形成するうえで自発的な中間組織のネットワークやネットワーク型の社会運動に期待を寄せた。

アーレントとハーバーマスが考えている公共圏は，かならずしも同じではないが，どちらも共通のテーマのもとに，だれもが参加できるコミュニケーションの場（社会空間）として構想されている。共通性・公開性・平等性によって特徴づけられるコミュニケーションは，民主的性格をもつが，それは間接民主主義ではなく，参加型民主主義をめざしているのである。

情報化と公共圏

公共圏は過去に実在していたとはいえ，この概念は，単なる事実的な概念ではない。これからつくりだすべき現実をあらわしているという意味で規範的な概念でもある。実際，グローバル化が進むなかでグローバルな公共圏の可能性が期待されている。もちろん，世界中の人びとが一堂に会せるはずはない。グローバルな公共圏は，無数の

ローカルな公共圏を内に含む重層的な構造をもった公共圏となるだろう。そうしたグローバルな公共圏を形成するうえで注目されているのが、インターネットのような電子メディアである。

　1980年代は、グローバル化とともに情報化の動きが始まる時代でもあった。コンピュータが誕生したのは20世紀半ばであるが、コンピュータとコンピュータを通信回線で結んだコンピュータ・ネットワークが社会に浸透し始めるのは80年代である。コンピュータ・ネットワークは、人と人との間で行われる社会的コミュニケーションのメディアとなった。いまでは、世界の貿易額をはるかに上回る額の取引量をもつ国際金融市場が形成され、企業が世界を股にかけて活動しているが、それらもグローバルなコンピュータ・ネットワークなしにはありえなかった。

　情報化は、しかし経済のグローバル化を促進しただけではなかった。経済のグローバル化と並行して、反グローバリズムの運動もグローバル化しているが、そこでもインターネットが一定の役割を果たしている。たとえば、1999年、アメリカのシアトルでWTOの会議が開催されたとき、WTOの決議を阻止するための大規模な抗議デモが繰り広げられた。この抗議デモは、労働運動、女性解放運動、環境運動、平和運動など、これまで別々の活動を展開してきた運動団体が参加した点で画期的な出来事であった。

　経済のグローバル化という、世界中の人びとにとって無視できない共通のテーマのもとに、多様な人びとが結集した反グローバリズム運動の展開は、コミュニケーションにもとづく世論形成のプロセスをなしている。そのさい、多数の人びとをつなぎあわせる媒介的な役割を演じたのがインターネットであった。現代の社会運動は、環境運動であれ、女性解放運動であれ、多数の個人や

組織が緩やかに結びついたネットワークを形成しており，反グローバリズム運動は，そうしたネットワークがネットワーク化された運動としてある。インターネットも，無数のコンピュータ・ネットワークがネットワーク化されたものであり，その重層的なネットワークが「ネットワークのネットワーク」としての反グローバル運動を支えるインフラ的基盤となっているのである。

もちろん，いまの時点では，インターネットがグローバルな公共圏を誕生させたとは言いがたい。せいぜい，グローバルな公共圏の萌芽的な形態がみて取れるにすぎない。そして，民主主義が将来どのような形をとるのかも定かでない。民主主義は，その歴史が物語っているように，さまざまな問題を孕んでいる。代議制民主主義が行き詰まったからといって，参加型民主主義に取って代わるわけではない。恐らく将来，直接民主主義と間接民主主義の併存という事態がみられるだろう。ナショナルな統治とともに，グローバルな統治のための民主主義的なしくみをどのように構築するのか，それは，21世紀を生きる人びとにとっての大きな課題である。

サマリー&文献

この章では，経済のグローバル化がどうして民主主義の危機につながるのかという問いに答えるかたちで，近代の民主主義の特徴と新たな民主主義の可能性としての公共圏について説明した。近代の民主主義は，国民国家という枠組みのなかで制度化されたが，経済のグローバル化は，国民国家の枠組みを揺るがすことによって民主主義にも深刻な影響を与えている。そうしたなかで，

公共圏という新しい民主主義のあり方が注目されている。

　ここでは，グローバル化と民主主義に関する基本的な文献をいくつかあげておこう。グローバル化には，経済のグローバル化，政治のグローバル化，文化のグローバル化といったさまざまな次元がある。また，グローバル化の始まりを20世紀後半ではなく，16〜17世紀に求める人もいる。グローバル化に関する基本的な知識を得たい人は，まず①を読むのがよいだろう。現代のグローバル化についてもっと深く知りたい人には②をすすめよう。グローバル化と情報化の関係について興味のある人には，③が参考になるだろう。

　民主政に関する古典的文献としては，本文のなかで指摘した文献のほかに④があげられる。また，経済のグローバル化の諸問題をわかりやすく説明したものが⑤である。そして，経済のグローバル化と民主主義や社会運動の関係について詳しく論じたのが⑥である。

① スティーガー，M. B.［2010］，『グローバリゼーション』新版，櫻井公人ほか訳，岩波書店
② ベック，U.［2005］，『グローバル化の社会学』木前利秋・中村健吾監訳，国文社
③ 正村俊之編［2003］，『情報化と文化変容』ミネルヴァ書房
④ フィンリー，M. I.［2007］，『民主主義』柴田平三郎訳，講談社学術文庫
⑤ コーテン，D.［1997］，『グローバル経済という怪物』桜井文訳，シュプリンガー・フェアラーク東京
⑥ ネグリ，A. & ハート，M.［2005］，『マルチチュード』上下，幾島幸子訳，NHKブックス

―――――――正村俊之 ◆

第16章 ユートピアと想像力

ポストモダン社会はユートピアか？

　栄養失調でいまにも死にそうな少女と，それを背後からうかがっている1羽のはげわし。内戦の続くスーダン南部で撮られたこの写真は，現代の悲惨を余すところなく伝えている。

　人間は遠い昔からユートピアを夢み，その実現に励んできた。しかしその努力の結果がこの写真が示す現実であるとすれば，人間の歴史とはいったい何なのか。

　ユートピアとは人間の見果てぬ夢なのだろうか。それともそれを想像し続けることで，私たちの社会に変革をもたらすことは可能なのだろうか。この本の最後の章は，社会的想像力と現代社会について考えることがテーマである。

深夜のコンビニ

あなたも深夜にコンビニで買い物をしたことがあるだろう。真昼のように明るい店内では、雑誌から食料品、酒類、弁当類、菓子、そして化粧品や洗面具や下着など、種類こそ少ないとはいえ、生活に必要な品はすべてそろっている。

コンビニエンスストアの草分けであるセブン-イレブンは、アメリカで発達した小売業だが、それが日本に上陸したのは1974年のこと。最初はその名が示すように、朝の7時から夜の11時までの営業だった。しかし80年代になると、年中無休、24時間営業を歌い文句に業績をのばし、いまでは大手のスーパー・マーケットやデパート以上の利益をあげるようになっている。

あなたもコンビニで立ち読みをしたことがあるだろう。書店で立ち読みをすると店員に嫌な顔をされるが、コンビニではむしろ歓迎される。無人のコンビニより人のいるほうが客が集まりやすいこと、雑誌を読みに立ち寄った客がついでに他の商品を購入するケースが多いことを計算しているためである。これに対し、雑誌や本しか商品をもたない書店ではこうはいかない。商品価値が下がるといって、立ち読みは嫌われるだけである。

私たちには当たり前のものになっているコンビニやスーパーだが、こうした小売業がわが国で普及したのは1960年代以降である。それまでは買い物といえば、商店街に行って、パンはパン屋、野菜は八百屋というぐあいに別々の商店で買うのが常識だった。それぞれの商店は自分の店の商品について知識をもち、独自の仕入のルートをもっていた。ところがコンビニやスーパーでは、およそあらゆる商品が売られている反面、店員は商品についての知識をほとんどもっていないのである。

こうした形態の小売業が繁栄するためには，いくつかの条件があった。商品の多くが工場で生産される画一的な商品になったこと，テレビや雑誌のCMによって消費者の消費行動が左右されるようになったこと，独身や少人数の世帯がふえて少量の商品をひんぱんに購入するようになったこと，そしてコンピュータのネットワークによってどの商品がよく売れるかの管理が容易になったこと，などである。いいかえるなら，産業化・情報化の進展によって商品の生産と管理の仕方が変わり，人びとの生活形態が大きく変化したことが，コンビニやスーパーの発展の背景にある。

ゆたかな社会の実現　有史以来，人間の経済は2度の革命を経験したといわれている。最初のそれは新石器革命と呼ばれるもので，狩猟と採集で暮らしていた人びとが，農業を行うことで定住を開始し，大規模な建造物や国家の建設が可能になった。やがてそれは四大文明に代表される大帝国と文字を生み，私たちはいわゆる歴史時代に突入したのだった。

　2番目の革命は，18世紀後半にイギリスで始まった産業革命である。これによって動力機械や大規模な工場を獲得した人びとは，電気や石油などの新たなエネルギー源を手に入れることで，産業社会の建設に突き進んだ。そこでは生産が何より重要なものとされ，産業の進展による生産の拡大こそが人間を貧困から解放するための万能薬として尊重されたのである。

　ところが20世紀の後半になると，人間の生産能力が飛躍的に増大した結果，生産は人間のコントロールを離れるようになる。それまでの時代には，モノの生産を増加させることで，人間を貧困と欠乏から救うという目的があった。しかし現代では，少なく

とも先進諸国ではモノは豊かに存在し，貧乏や欠乏に苦しむことはほとんどなくなっている。むしろ現代の問題は，過剰なまでに発達した生産能力の暴走をいかにして抑えるか，その能力に見合うだけの消費欲求をいかにしてかき立てるか，ということにある。

現代はユートピアか

人間の経済システムが，歴史上かつてない，新たな段階に突入したという認識は多くの研究者に共有されている。著名な経済学者であるガルブレイスは，現代社会を「ゆたかな社会」と呼んでいる。彼がその語で示しているのは，現代は人類がはじめて貧困と欠乏から自由になった時代であり，そのため貧困と欠乏に依拠する従来の経済学理論はもはや役に立たず，ゆたかな社会の到来にふさわしい新たな社会理論が必要だということであった。

ガルブレイス以外にも，現代社会の構造に関心をもち，それに適した社会理論を打ち立てようとしている研究者は多い。彼らは現代社会を，「脱工業社会」(ダニエル・ベル)，「消費社会」(ボードリヤール)，「ポストモダン社会」(リオタール)，「第三の波」(トフラー)，「スーパー・モダニティ」(オジェ)，「歴史の終わり」(フクヤマ)などとさまざまに呼んでいる。彼らに共通するのは，現代社会が文化や経済，政治，人間関係などのさまざまの面で，従来とは大きく変わった社会になりつつあること，それゆえ従来の社会理論とは異質な，まったく新しい社会と歴史の見方が必要なことである。

とはいっても，彼らの見方がすべて共通しているわけではない。アメリカの社会学者ダニエル・ベルは，私たちはすでに脱工業社会に突入しているとの認識に立って，工業社会をリードしてきた

禁欲と勤勉を旨とする生活倫理に代わる，新しい倫理と社会統合のメカニズムが必要だとする。そうでなければ，経済発展がもたらした消費と快楽を中心とする価値観が，人間社会を解体の危機に（すなわちアノミーに）さらすというのである。

一方，トフラーやマクルーハンのようにテクノロジーを重視する人びとは，生産力の向上と情報化の進展を高く評価する。人間のコミュニケーションはより緊密になったし，人間は必要に迫られて生産するのではなく，自由に生産し消費することで，より豊かな人生を生きることが可能になったという。彼らは現代社会こそは，各自が生活の困難や桎梏から逃れ，自由に自己実現をめざすことのできる，一種のユートピア社会だと考えているのである。

ユートピアとはなにか

貧困や欠乏から自由になった現代は，人間がはじめて手にしたユートピアなのだろうか。地上にはいまだに貧困に苦しむ人びとが存在するとはいえ，産業化や工業化の進展が，私たちの多くを飢えや貧困から救ったのは事実である。しかし同時に，私たちの生きる世界が，かつてなかったほどの環境破壊や文化的衝突，アイデンティティの危機に苦しんでいることもまた事実である。さらに，メディアやコンピュータの発達が，私たちのコミュニケーション能力をいちじるしく高めたのと並行して，コミュニケーションの阻害の象徴といえる紛争やテロリズムが地球規模で生じているのも，現代世界の一面といえる。

このように現代世界が光と影の両面をもっているとすれば，それがユートピアか否かを断定することは，恣意的な判断になる恐れがある。むしろ私たちが行うべきは，ユートピアとは何か，そ

れは人間とその社会にとって何を意味してきたのかを,正確にしておくことだろう。

ユートピアということばをはじめて使ったのは,16世紀のトマス・モアだった。彼はこのことばを,ギリシャ語で「どこにもない」を意味するウ・トポスをもとにつくったのだった。その語源が示すように,ユートピアとは地上には存在しない社会であり,そこでは人間は対立や貧困に悩まされることなく暮らすことのできる,一種の理想郷としてイメージされていたのである。

ユートピアとは地上のどこにも存在しないという意味で,空想の存在にすぎない。しかし,それが100%現実性をもたないのかといえば,かならずしもそうとはいえない。モアがユートピアについて書いたのは,理想社会を描きだすことで,戦争や対立に明け暮れ,貧困に苦しんでいた当時の社会を批判するためだった。そのように現実の社会を批判し,それを変革する道を探すとき,人はある種のユートピア像を必要とするのかもしれない。

社会変革の力としてのユートピア

そうしたことを明らかにしたのが,ドイツの社会学者マンハイムだった。彼は近代以降に実在したさまざまなユートピア運動を比較することによって,社会を変革する力としてのユートピアの存在意義を強調したのである。

彼の著書『イデオロギーとユートピア』(1929年)のなかで,彼は4つのユートピア思想をとりあげている。西欧の宗教改革時代の「千年王国運動」からはじまり,資本主義の成立と並行して生じた自由主義-人道主義,それに対抗して生じた保守主義,社会主義-共産主義の4つである。これらの思想や運動は,時代も

15世紀イタリアの画家, フラ・アンジェリコの受胎告知。右側では, 人間の救済のためのキリストの誕生が予告され, 左側では, アダムとイブの楽園追放が描かれている

内容も大きく異なっている。しかしマンハイムによれば, それらを導いた人びとは, 自分たちが歴史のなかに生きているという自覚をもち, 連帯することで自分たちの運命や社会のあり方を変革しようとしていた点で共通している。いいかえるなら, 歴史を変革する主体としての自己認識をもつと同時に, そこから出発して社会変革の運動を実際に引き起こした点で, それらはそれまでの空想主義的なユートピア思想や運動とは大きく異なるというのである。

　もっとも, マンハイムのあげた4つの例だけが, 人間が生んだユートピア思想であるわけではない。人間の社会が成立して以

来,人間はさまざまな理想郷を夢みつづけてきたからである。キリスト教やイスラームの天国もユートピアの1つだし,『竹取物語』でかぐや姫を迎えに来た不老不死の月の世界も,ユートピアの一形式ということができる。

　ある意味で,人間とはつねにユートピアを夢み,それに憧れつづける動物であるといえるかもしれない。宗教をもたない社会はこれまで存在しなかったが,宗教の核心にあるのは,キリスト教やイスラームの天国であれ,仏教的な西方浄土であれ,理想郷としてのユートピアである。現代社会においては宗教的な世界観の重要性は減少する傾向があるが,過去にはそれらは支配的な位置を占め,価値体系の基本となっていた。また現代においても,とくにイスラーム諸国などでは,宗教は人びとの思考と行動の基準になっている。宗教的なユートピアもあわせて考えるなら,ユートピアの考えのない社会は存在しないといっても過言でない。

ユートピアと聖なるもの

　人間の社会は,なぜつねにユートピアを想像しつづけてきたのだろうか。社会にとって宗教的なユートピアとは何かを,オーストラリア・アボリジニの儀礼や祝祭にもとづきながら考えたのが,社会学の創始者の1人であるデュルケームである。

　彼によれば,アボリジニの人びとは乾期には広い土地に点在して住み,狩猟や採集に従事する。それは日々の労苦に追われ,対立や分裂が生じる世界であり,「俗」の世界と呼ばれる。これに対し,雨期になると食糧に恵まれることもあり,人びとは一か所に集まって何日も続く儀礼を行う。神話を語り,歌や踊りに没頭し,砂絵や動物の皮に描いた絵などの造形活動が続くその日々は,

先祖とともに生きる「ドリーム・タイム（夢の時）」と呼ばれる日々であり，彼はこれを「聖」と呼んでいる。

　デュルケームによれば，人びとが集結して，たくさんのごちそうを味わいながら音楽や芸術に身を委ねることによって，人びとは「集団的な沸騰状態」を経験する。それは「ドリーム・タイム」ということばが示すように，喜びに満ちた期間であり，当事者にとっては理想的な状態である。しかもそれは一時的なものとして消え去るのではなく，人びとはそれを俗の世界より一段高いものとして位置づけ，日常の世界においてもその記憶を保持しつづける。こうした意識を保ちつづけることこそが，人びとを社会に結集させ，社会的な統合を実現する力だというのである。

意味世界とコスモス

　デュルケームが宗教のなかでも儀礼に関心を寄せたのに対し，人びとが日々行っている意味の創出に宗教の働きを認めたのが，社会学のもう1人の祖であるウェーバーであり，その影響を受けたP. L. バーガーであった。

　バーガーは，社会に生きるとは，制度や機関を共有することである以前に，共通の意味世界を分かちあうことだという。彼はそうした意味世界をノモスと名づけており，それをつうじてはじめて人間は自分の経験を理解し，経験を秩序づけることができるようになる。しかし，そうしたノモスは，つねに死や病気，災害，失業，離別などの，解釈の困難な出来事（＝カオス）に脅かされている。もしこれらの出来事に明確な意味を与えることができなければ，人間は不安にさらされながら生きなくてはならないだろう。そこで登場するのが絶対的な秩序としてのコスモスであり，

それを参照することで，人びとは日々の出来事に意味を与え，世界を統一的に理解することが可能になるというのである。

　わかりにくいと思うので具体例をあげよう。イスラエルの西側に位置するパレスチナの土地は，第3次中東戦争以来，50年にわたってイスラエルに占領されている。彼らの多くは故郷の土地を追われ，難民キャンプや狭い土地での居住を余儀なくされている。そのため，彼らはつねに失業や生活環境の悪化，将来の不安などにさらされながら生きている。そうした意味では，彼らの意味世界すなわちノモスは十全なものではなく，カオスに満ちたものである。

　彼らはしばしば「自爆テロ」と呼ばれる抗議行動に訴えるが，それは私たちのような別のノモスに生きる人間にとっては理解しにくいものである。しかし，ノモスとコスモスということばを適用して考えるなら，ある程度は理解可能になる。

　彼らが生きている世界は，占領という事態によってカオスの状態におかれた世界であり，それゆえ彼らの意味世界＝ノモスは不完全なものである。そして人間とは，十全な意味世界を離れては生きていけない存在だとすれば，ノモスを再建することは彼らにとって必要なことである。しかし占領という事態が終わらないかぎり，このノモスの再建は不可能である。このとき，彼らにできることの1つは，絶対的秩序＝コスモスとしてのイスラームの教えを参照し，過去にイスラームのために命を落とした殉教者に自分を同一視することで，抗議行動に身を捧げることである。それによってノモスそのものを変革することはできなくとも，自分がコスモスのうちにあると想像すること，そして彼らのおかれた意味世界が不完全なものであることを公に主張することが，可能

になるのである。

社会の自己意識としての社会学

マンハイムのいうユートピアと、デュルケームの「聖」やバーガーのいうコスモスは、まったく異質なものなのだろうか。たしかに、デュルケームやバーガーが論じたのは宗教的なユートピアであり、一方のマンハイムが問題にしたのは、この世界に根ざしたものとしてのユートピア意識であった。この意味では、両者は違ったことについて語っているようにみえる。

しかしデュルケームによれば、祝祭のなかでつくりだされる「聖」とは、社会そのものについての意識にほかならないという。人びとが集まって儀礼に専念するとき、人びとが喜びとともに相対しているのは社会そのものである。そして人びとは、祝祭を遂行するたびに社会についてのイメージを更新し、社会のうちに生きることの喜びを新しくしているというのである。こうしてみていくと、デュルケームもマンハイムも同じような議論をしていることがわかる。両者はいずれも、人びとがユートピアをつうじて社会をどのように理解しているかを問題にしているのである。

社会を構成するメンバーが、社会そのものについての意識をもつことを、社会学では一般に再帰性と呼んでいる。人びとは社会について考え、よりよいものにしようとするのであり、そのように社会について考えることが、社会そのものの在り方を変え、その未来を決定することができる。これが、イギリスの社会学者 A. ギデンズらが現代社会の特性の1つとして主張する再帰性の考え方である。これに対し、伝統的な社会では、多くの社会的な決まりが伝統によって決定されているので、再帰性は十分に機能

することができない。その意味では，現代社会の核心にあるのは再帰性だということができる。社会学はしばしば現代社会の自己意識だと称するが，そのことばはこの再帰性の考えを前提にしているのである。

　私たちはこの本をつうじて，個人が社会のなかで明確な役割を果たすためにはアイデンティティを確立することが必要であり，社会が機能するためには意味世界が成立していることが必要だと述べてきた。とすれば，社会についても，それが機能し明確な方向性をもつためには，社会自身についての意味とアイデンティティを明確にすることが必要だということになる。この，社会についての意味，社会についてのアイデンティティをつくりだすのが再帰性であり，ここで「聖」やユートピアとして述べたものもその一形態なのである。

近代社会の意味

あらゆる社会が，それ自身についての意味やアイデンティティをもっているとすれば，私たちの生きるこの社会にも何らかの意味が付与されているはずである。その意味とは何であり，アイデンティティとは何であるのか。

　私たちの社会を近代（モダン）社会と呼ぶとするなら，それがいつ始まったかについては諸説ある。先のマンハイムは宗教改革を近代の始まりとみなしているし，人間性が解放されたルネサンスにその起源を求める研究者もいる。しかしもっとも多い意見は，産業革命が勃発し，アメリカの独立戦争とフランス革命が生じた18世紀の後半以降に，近代社会の起源をおく見方である。

　この時期，人間の歴史でいかなる変化が生じたのだろうか。産

業革命は人間の生産能力を大きく向上させたが,それとともに,商業や農業に富の基礎をおくそれまでの見方にかえて,工業の発展と技術力の向上こそが富をもたらすという見方を定着させた。一方,アメリカの独立戦争と,それに続くフランス革命は,身分によって社会的位置が決定される社会に代えて,市民が主体となる新しい社会システムをつくりあげた。さらに,これらの経済的・政治的変化と並行して,思想の面でも大きな変革が生じていた。それは,批判精神によってあらゆる既成価値を疑う啓蒙思想であり,それによって人びとは伝統的な価値に拘束された共同社会を捨てて,自由な個人が契約によって結合する新しいタイプの社会を築いたのである。

　自由な意志と批判精神をもった諸個人が集まり,討議によってよりよい政治を実現し,工業化と産業化を推進して豊かさを実現する。そうした社会は,市民が主体となる社会という意味で市民社会と呼ばれてきた。それこそは近代社会の理想として,長い時間をかけ,さまざまな改革や対立をつうじて実現されたのであった。国民全員が選挙権をもつための選挙制度の改革や,権力を分散させるための三権分立の実現,文化的生活を営むことを可能にするための社会保障の拡充,国民全員が教育を受け,技術力や科学力の進歩を保証する教育システムの形成などである。

　18世紀の後半から20世紀にかけて,市民社会は最初西欧で,ついでわが国などで実現された。それはたび重なる戦争や革命や反革命によって脅かされながらも,多くの社会にとって実現すべき理想モデルとして考えられてきたのである。

モダンとポストモダン

そのようにして実現された近代社会であるが、その評価については識者の見解は分かれている。たとえばドイツの社会学者ハーバーマスは、近代社会が個人の自立と批判精神の確立をめざしたことを評価しながら、それが効率を優先する産業社会の論理に侵食されてきたことを批判する。その意味で彼は、個人の自立と討議の場を保証し、討議と合意によってすべてを決定しようとする近代社会の積極面をさらに推進するために、近代化とはすべての人間社会がめざすべき「未完のプロジェクト」であるとする。

一方、私たちの社会がすでにこうした近代の段階を過ぎて、新たな段階に突入したと考えている研究者も多い。上にあげた研究者のほとんどはその立場に立つが、なかでもフランスのリオタールなどは、モダン社会の原理そのものを批判して、それに代わるポストモダンの社会理論を打ち立てようとつとめた。彼によれば、モダン社会とは、自由や平等、開発、啓蒙などが万人にとって最善であるという「大きな物語」をつくりだし、その物語の実現に向けてすべての人間を導いてきた。その結果が、効率を最優先し、差異や多様性の存在を許さない現在の社会につながっている。それゆえ、今後私たちは、ローカルなものやマイナーなものを評価し、多様性を許容する「異質性の論理」を積極的に推進すべきである。それこそが、ポストモダンの社会理論の基礎だというのである。

社会的想像力の回復

私たちはいまだモダンの段階にあるのか、それともポストモダンの段階にあるのか。近代社会がこれまでに私たちに与えたものを、どう評価し、今後

どう生かしていくか。研究者の評価は異なっており，私たちも明確な判断を下すことは困難であろう。

しかしながら，社会的想像力とユートピアというこの章のテーマに即していえば，つぎのことを述べておかなくてはならない。近代社会は，個人の批判精神と自立意識を最高善とし，そうした個人の集合としての市民社会の実現に突き進んできたのだが，その社会が全体として何をめざし，何を実現しようとするのかについては，明確なイメージを打ち立てることができなかった。近代社会の理想であった個人の自立にしても，万人の富裕化をめざす開発や経済発展にしても，それらは何かを実現するための手段であって，最終目標ではない。重要なことは，自立した個人が連帯して何をめざすか，富裕化した社会が何を実現しようとするかを明確にすることであるはずなのに，その点については社会的想像力は十分には働いてこなかったのである。

私たちが今後，どのような社会の理想像をつくりあげることができるか。その像を現実の多様性のなかで批判しながら，どのようにしてよりすぐれたものにつくりかえていくか。それこそが，モダンと呼ぼうがポストモダンと呼ぼうが，私たちの社会の行く末を占う重要な課題である。と同時に，それは社会学を学ぶものに課せられた課題であり可能性であるだろう。

サマリー&文献

この章で私たちは，人間の社会がいつの時代にも，それ自身について考え，ある一定のイメージを生みだしてきたことをみてきた。そのことは，1つの社会が他から区別され，一定の方向性を

見いだすうえで不可欠なことなのである。

社会についての像が成立することが、その社会が凝縮力をもつために不可欠だという見解は、デュルケームがはじめて主張したものである。彼の著作は何らかの形でその主題に関係するが、それを中心的なテーマにしているのが①である。②は社会的想像力の重要性をさまざまな観点から論じたものであり、幅広い論議を展開している。③は、現代社会の基本的メカニズムとしての再帰性の考えを、明確に打ち出した書である。

ユートピアの概念については、④が基本的文献である。ユートピアの概念が、たんに空想的なものではなく、歴史を動かす力になってきたことを明確に示したのが、⑤である。一方⑥は、多くの社会において宗教が意味世界を支えるための基本的役割を果たしてきたことを、ノモス・カオス・コスモスの語を用いて説明している。

私たちの属しているこの社会が、どのような特徴をもつ社会であるかについては、多くの研究書がある。そのなかでは、経済学の視点から現代社会の特徴を述べたものとして⑦をあげておく。この本の初版が出版されたのは1958年だが、わかりやすさと分析の妥当さにおいて、今日もなお第一級の価値をもっている。一方、私たちの社会をどう評価し、どう批判するかについては、研究者の間でさまざまな見解の相違がある。その論争はしばしばモダン対ポストモダンという論争形態をとるが、⑧はモダンの諸価値を評価し、それがいまだ不徹底であるとの立場からの議論である。⑨はポストモダン陣営に立つ論者が、モダンとポストモダンの相違についてわかりやすく述べている。また⑩は、社会理論の本としては記述に雑さがあるが、私たちが生きている時代の雰囲気とその特徴をうまくとらえている。

① デュルケーム，E. [1975]，『宗教生活の原初形態』上下，古

野清人訳, 岩波文庫
② 厚東洋輔［1991］,『社会認識と想像力』ハーベスト社
③ ギデンズ, A.［1993］,『近代とはいかなる時代か？』松尾精文・小幡正敏訳, 而立書房
④ モア, T.［1993］,『ユートピア』澤田昭夫訳, 中公文庫
⑤ マンハイム, K.［2006］,『イデオロギーとユートピア』高橋徹・徳永恂訳, 中公クラシックス
⑥ バーガー, P. L.［1979］,『聖なる天蓋』薗田稔訳, 新曜社
⑦ ガルブレイス, J.［2006］,『ゆたかな社会』決定版, 鈴木哲太郎訳, 岩波現代文庫
⑧ ハーバーマス, J.［1999］,『近代の哲学的ディスクルス』Ⅰ・Ⅱ, 三島憲一ほか訳, 岩波モダンクラシックス
⑨ リオタール, J.-F.［1986］,『ポスト・モダンの条件』小林康夫訳, 書肆風の薔薇
⑩ ボードリヤール, J.［2015］,『消費社会の神話と構造』新装版, 今村仁司・塚原史訳, 紀伊國屋書店

竹沢尚一郎

キーターム集

アイデンティティ （identity）　**2**章, 38, 39, 43, 44, 46, 47, 49, 64, 65, 91, 97, 111, 239, 265, 272

青年期の葛藤をつうじて確立される自己のこと。それは、社会的役割を取捨選択して適切に行動を管理していく存在でもある。自己を見つめ、自己の生き方を問うという意味で、存在証明と訳されたり、自我同一性と訳されたりする。自由主義と個人主義を前提とする近代社会では、行為は自己責任のもとで行われ、行為のよりどころは自己に求められるから、アイデンティティを確立することは、個人にとっても社会にとっても重要な課題となる。

アナーキズム （anarchism）　225

無政府主義と訳される。国家によるいっさいの管理や支配を廃止し、国家のない社会の実現をめざす思想。アナーキズムは、共同体運動や共産主義思想と結びついて展開されてきた。

アノミー （anomie）　265

デュルケームの用語。既存の価値体系や意味世界がゆらぎ、社会的紐帯がゆるみ、無規制状態になること。アノミー状態では、犯罪、非行、薬物依存などの社会病理が発生しがちである。

アファーマティブ・アクション （affirmative action: 積極的格差是正措置）　178, 236

社会における格差を是正するために、不利益を蒙っている集団を優遇すること。もっとも有名なのは、アメリカにおいて、黒人やエスニックマイノリティに優先的に教育機会を与えるために、黒人やエスニックマイノリティの入学者を増やす制度である。

アメリカンドリーム　179, 180

アメリカ社会では、不撓不屈の精神で日夜努力する人は地位達成でき、夢がかなうと信じられていること。社会学の研究では、この夢が多くの人びとにおいて本当に実現されているのかどうかを検証することが、重要なテーマとなる。

家制度，「イエ」制度　91, 130
日本の伝統的な家族の総称。家業（農業，商業など）を営みながら，成員間の結合が強調される家族の類型である。

一億総中流意識　129
自分もしくは自分の家の生活水準や，自分の属する階層を「中」と答える人が多いことをいう。わが国の場合，「中」意識はこのような意識調査の開始された1950年代後半から高かったが，高度経済成長とともにいっそう上昇した。1980年代以降，安定成長期に入り，かげりをみせるようになり，2000年代に入ってからは，格差の拡大が注目を集めるようになった。

逸脱行為　41, 55, 124
規範からはずれたとみなされる行為であり，犯罪や非行，薬物依存，謀反や革命などをいう。

イデオロギー（ideology）　87, 113
観念形態と訳される。広義には，ある社会において成立している理念や価値の体系を意味し，狭義には，事実に対して隠蔽的な働きをするような観念や信念の体系を意味しており，「虚偽意識」という意味で使われることもある。いずれにせよ，イデオロギーは人びとの行動を規定することによって，社会的現実をつくりだす機能を果たしている。また狭義のイデオロギーを研究することは，虚偽意識をあばきだすことを目的とするから，イデオロギー批判の学として成立する。

意図せざる結果　77, 79
意図的に行われた行為が，行為者の意図しない結果を生みだすこと。社会学のおもしろさの1つは，この意図せざる結果が生みだされるプロセスを鮮やかに分析することにある。5章でとりあげた予言の自己成就と予言の自己破壊は，その好例である。

意　味　1章, 106, 270　→相互主観性
事物・事象が何であるかを確認するさいに作用しているもの。意味を共有することによって，私と他者との関係は成立する。

意味体系，意味世界　269, 270　→ノモス・コスモス・カオス
意味の集合であり，社会を秩序づける機能をもつ。意味世界の代表

例は宗教である。

形と背景 (figure)(ground)　7
心理学の知覚研究の用語。図と地ともいう。図形の理解は，形だけでなく，形と背景の相関関係でなされることをさし，具体的には1章で紹介したルビンの杯のように，どちらを形と見るか，背景と見るかによって，図形が異なって見える。

価値 (value)　127
規範を，より一般的かつ抽象的に表現したものであり，全体社会の普遍的な基準として，のぞましさについての観念を示している。

家父長制（家父長家族）(patriarchy)　201　→近代家族
近代家族に対立する概念で，家族において家長たる男子，すなわち父が強力な権限を有する家族形態である。家父長家族では，財産は通例，父から長男に継承され，家督や家産，さらには家名の存続がきわめて重要なことになってくる。戦前の日本は，家父長制の色彩が強かった。

慣習　14，126，198，204
過去からの伝統という権威によって成立する規範。無意識に行われることが多く，のぞましさの側面よりもしきたり・約束事としての側面の強い規範。

慣習的行為と役割行為　14，15
日常の行為のほとんどは定型化されており，無意識に行われている。それは慣習にのっとった慣習的行為もしくは役割にしたがった役割行為だからである。

官僚制 (bureaucracy)　161，162，164　→支配の3類型
ウェーバーの用語。合法的支配のもっとも純粋な形が官僚制的支配であり，官僚制的支配が成立している組織を官僚制という。官僚制は，企業，学校，官庁，病院などに成立しており，近代的な組織の総称である。

機会の平等と結果の平等　177-79
機会の平等のみが強調されると，しばしば強者はますます強くなり弱者はますます弱くなるといった弱肉強食の論理が貫徹してしまう。

そこで社会に生ずる格差を縮小し，結果的に平等に近づけようとするのが結果の平等である。累進課税制度や社会保障制度が，結果の平等を実現するための代表的な制度である。

機能的な分化　251，253

近代社会において，政治システム，経済システム，教育システム（文化システム）が分化すること。この分化したシステムは国民国家によって統合されていたが，グローバル化の進行によって，その統合が困難になってきている。

規　範 （norm）　47，109，**8**章，143，146，217，257　→慣習，道徳，法

奨励のルールと禁止のルールからなるルールの複合体。規範の類型としては，慣習，道徳，法がある。

業績主義　174，176　→属性主義

社会的資源を配分する原理の1つ。本人の能力・実績にもとづいて，地位が与えられること。近代社会は，属性主義よりも業績主義が優位する社会である。

近代家族　197，202，203，208　→家父長制

近代家族の特徴として，①夫婦と子どもからなる核家族であること，②夫婦間および親子間に親密な情愛があること，③この核家族は地域や親戚など，他の社会的領域から分離され，絶対化される傾向があることの3つがある（落合恵美子『近代家族とフェミニズム』勁草書房）。現在私たちがあたりまえと思っているこのような家族の特徴は，実は，歴史上普遍的な特徴ではなく，近代に固有のものであるから，近代家族という言葉が必要になる。

近代社会　5，65，110，127，160，161，208，216-18，226，249，251，273-75　→聖と俗

近代以降，西欧に誕生した社会の特質を総称して近代社会という。近代社会の特色として，①経済の領域で，資本主義が成立し産業化が進行すること，②政治の領域で，民主主義が掲げられ，民主化が進行すること，③文化の領域で近代科学が誕生し，宗教から科学が分離すること，つまり聖と俗が分離し世俗化が進行すること，の3つがある。

グローバル化　227-29, 238-40, **15**章
社会的な出来事の影響が国民国家の枠を超えて，地球規模で波及すること。グローバリゼーションとも言う。

ゲマインシャフトとゲゼルシャフト　(Gemeinschaft)(Gesellschaft)
204-07, 208, 226　→コミュニティとアソシエーション
テンニースによる社会集団の分類。ゲマインシャフトとは，本質意志による結合であり，その典型は家族や地域社会である。ゲゼルシャフトとは，選択意志（自由な意志）によって結ばれた契約的関係であり，その典型は大都市，企業である。テンニースは歴史の進展とともに，社会はゲマインシャフトからゲゼルシャフトへと変化していくとした。

言語能力　5　→道具能力
ヒトが言葉によって他者とコミュニケーションする能力。

権　力　(power)　45, 115, **10**章, 221, 273
他者に対する強制力として自己の意思を貫徹する力（ウェーバー的な権力観）。また集合的な意思決定の能力としてとらえる見方もある（パーソンズ的な権力観）。

公共圏　**15**章
民主的なコミュニケーションをつうじて世論を形成する場。公共圏論の代表的な論者として，アーレントとハーバーマスがいる。

公　正　(equity)　110
形式的な平等ではなく，社会的正義にてらしてもっとも真正な平等のこと。だれもが同じになることが真の平等ではないという意味で，公正を提唱することは称揚されてよいが，福祉をはじめとする社会的場面で，いかに公正に資源を配分するかという原則を確立することは，実際には至難のわざである。

高度経済成長　118, 129, 131, 181, 182, 184, 201
戦後の日本の経済成長は目をみはるものがあり，驚異の経済成長といわれた。とくに1960年代の実質経済成長率は，年平均10％前後というきわめて高い成長率を示している。国民にとっては毎年新しい耐久消費財を購入するという形で，高度経済成長が実感された時代であった。高度経済成長の時代は，東京一極集中を加速させた時

代でもあった。

国民　14章
文化（共通の記憶，共通の大地など）を共有する集団であり，それゆえ共通の意識をもつ集団だとされる。近代国家の形成にともない，同じ国家に属する人びとは同一の国民だとして，意図的に国民が形成されてきた側面を否定することはできない。

国家，国民国家　(state) (nation state)　153, 158, 159, 200, 201, 204, 13章, 248-55, 259
家族や企業とともに社会を構成し，私たちの生活に大きな影響を与えている。近代の国家は，人びとを国民として国家に統合するから国民国家と呼ばれる。また，近代の国家は，それまでの国家に比べて，人びとを直接統治する度合いを強めた。

コミュニティとアソシエーション　(community) (association)　205, 208, 220　→ゲマインシャフトとゲゼルシャフト
マッキーヴァーの用語。コミュニティとは，地縁にもとづく共同生活が営まれていて，他と区別される特徴をもつ集団のことであり，アソシエーションとは，共同の関心の追求のために組織された集団のことである。同じような集団の分類として，クーリーの第1次集団（primary group）と第2次集団（secondary group）がある。

サブカルチャー　(subculture)　41
社会の中心的な文化とは異なる文化のこと。下位文化と訳される。サブカルチャーは多くの場合，中心的な文化とは異なる集団や階層によって担われるため，独自性と存在理由をもつようになる。支配的な文化に対する非行少年のサブカルチャーや，アメリカ社会における黒人のサブカルチャーが，その典型である。独自性の強いサブカルチャーは，カウンターカルチャーと呼ばれる。

産業革命　(industrial revolution)　216, 220, 263, 272　→新石器革命
動力機械の発明によって工場が成立し，工場で物が生産されるようになったこと。産業革命は18世紀後半，イギリスではじまり世界に広がっていった。生産力の驚異的な上昇をもたらし，社会を根本的に変化させたから，産業革命以降の社会は産業社会と呼ばれる。

サンクション (sanction)　124, 125
行為者の行為に対する他者の反応のこと。行為を是認して奨励するものを、正のサンクションといい、行為を否認して阻止するものを、負のサンクションという。日本語でいう賞罰は、正負のサンクションにあたる。

ジェンダー (gender)　90, 7章
社会的につくられた性別および性差。

自己組織化 (self-organization)　136
組織であれ、主体であれ、システムが、外界との交流をつうじて、みずからの秩序を形成すること。

市　場 (market)　221, 223-25
売り手と買い手によって取り引きが行われる場。近代資本主義においては、財を配分するさいの中核的なメカニズムをなしている。

支配の3類型　159, 160
ウェーバーの試みた考察であり、命令をくだす者と命令に従う者との間に成立する支配関係の3つのタイプ。支配関係を正当化する方法として、伝統的支配、カリスマ的支配、合法的支配の3つがある。伝統的支配とは、伝統(慣習)による支配をいい、カリスマ的支配とは、革命運動や宗教運動の指導者にみられるように、超人的な能力をもつカリスマによる支配をいい、合法的支配とは法による支配をいう。ウェーバーは、近代になって合法的支配が優勢になるとした。

市民社会 (civil society)　45, 13章, 255, 257, 273, 275
西欧近代の誕生とともに出現した市民が中心的な担い手となる社会。ここでいう市民とは、都市に住み、近代の資本主義と市民革命を推進していった人びとのことである。近代以降の社会科学では、市民社会が社会の理想像として考えられ、市民社会を実現するにはどうしたらよいかということが、社会科学の重要なテーマとなった。

社会移動　179
個人が地理的に移動することと、個人の社会的地位が異なる時点間で変化することの2つの意味がある。社会階層研究との関連では、もっぱら後者の意味で使われる。階層間の移動には、上昇移動と下降移動がある。

社会階層　175, 177
　社会的資源が不均等に配分され，社会に格差が生じている状態。

社会構造（social structure）　15, 106, 143, 173, 188
　人間関係や社会の動きにみられる規則性もしくはパターンのこと。

社会構築主義　**6**章
　ある社会で自明とされている事実，真実，常識が，社会制度や人びとの相互作用をとおしてつくられることに注目し，考察する立場。社会構成主義，構築主義とも呼ばれる。

社会的資源（social resources）　174, 223
　社会の活動に利用される財の総称。経済の領域で用いられる物的資源，政治の領域で用いられる権力，文化の領域で用いられる知識などからなる。

社会問題の構築主義　93, 94, 97
　ある状態が，人びとの相互作用をとおして，社会問題として定義され，構築されていく過程を分析する立場。

新石器革命　263　→産業革命
　打製石器を用いて採集と狩猟の生活をしていた人びとが，磨製石器を用いて農耕と牧畜を開始したこと。新石器革命以降の社会を農耕牧畜社会という。

スティグマ（stigma）　**3**章, 63　→レイベリング
　ギリシャ語に由来する言葉で，特定の人びとを特徴づけるために身体につけられたしるしを意味し，烙印と訳される。自分にとって望まない偏見や不利益をもたらす特徴。

ステレオタイプ化された見方　11, 12
　事物・事象を先入観や固定観念で見ること，もしくはその見方。事物・事象への偏見を生みだすもととなる。

制　度（institution）　112, 113, **8**章, 155, 156, 164, 166, 168, 169, 203, 212, 213, 219
　規範を社会の各領域に具体化したもので，婚姻制度，土地制度，税制度などがあり，近代以降に固有なものとして，選挙制度，株式会

制度化と内面化 (institutionalization) (internalization) 128

パーソンズの用語。規範が社会に受容されることを制度化といい、行為者が規範を学習することを内面化という。制度化はデュルケームの社会的事実の内在性に由来するものであり、内面化はフロイトのいう超自我に由来するものである。パーソンズは制度化と内面化によって、社会秩序は維持されるとした。

聖と俗（聖なる空間と俗なる空間） 12, 13, 269, 271, 272

聖とは、人びとが結集し、共同である行為や思想に身を委ねるときに実感されるある種の経験であり、典型的には、儀礼のさいの集団的沸騰状態にみられる。俗とは、日常生活のことである。近代社会は、聖が人間のすべての領域に浸透していた状態から俗の領域を分化し、俗の領域を拡大した社会である。この聖と俗との分化を世俗化という。

相互主観性 (intersubjectivity) 17 →意味

意味が複数の人間に共有されており、私と他者との間に個人をこえた共通のものが成立していること。

属性主義 176 →業績主義

社会的資源を配分する原理の1つ。本人の努力によって変更することが困難な属性（血縁、家柄、性別、人種など）によって、地位が与えられること。

多文化主義 236

国民国家のなかで、マジョリティの文化のみならず、マイノリティの文化も認め、異なる文化の共存をはかること。マルチカルチュラリズムとも呼ばれる。

地位 (status) 47, 162

社会のなかで、個人や集団が占める位置のこと。パーソンズに代表されるアメリカ社会学では、社会システムは地位のシステムもしくは地位に対応する役割のシステムとして考えられ、個人が役割を遂行することによって、個人と社会は結びつけられるとした。

秩序化の進んだ社会　146
選択肢が多く，不確実性の減少の度合いの大きい社会。

道具能力　5　→言語能力
ヒトが道具をつくりだし，それを用いる能力。

道　徳　126
規範のなかで，のぞましさの側面の強い規範。

ナショナリズム　230, 234
民族を主体とし，その自決権を主張する運動。19世紀における国民国家形成の原動力になったし，20世紀においては，第2次大戦後にアジア・アフリカ諸国が独立する際の思想的基盤になった。

日本的経営　131, 154
欧米の企業とは異なる日本固有の経営原理であり，終身雇用，年功秩序，企業別組合の3つの特徴からなる。日本の高度経済成長に有効に機能したとして内外の注目を集めてきた。

年功序列　108, 128-32, 174　→日本的経営
年下の者は年上の者を尊重すべしという規範。日本における多くの集団を支える規範であり，とりわけ企業では欧米伝来の経営原理とミックスされて，日本的経営といわれる独特の経営原理の中核をなしている。

ノモス・コスモス・カオス　(nomos)(cosmos)(chaos)　270, 276
バーガーの用語。みずからの経験に秩序を与える意味世界のことをノモスという。ノモスは，社会に参加し共通の意味世界を分かち合うことによって成立する。そのノモスの上位に明確に秩序づけられた世界観がコスモスである。その一方で，ノモスは日常を攪乱する出来事（カオス）によってゆらぐ。そのためコスモスによって，たえず再構築されねばならない。

反グローバリズムの運動　258, 259
市場原理主義を基礎にした現代のグローバリズムに異議を唱える運動。「グローバリズム」は，地球的な相互依存性の深化を意味する，ニュートラルな概念としての「グローバリゼーション」から区別される。

フィードバック (feedback) 71-79
システムのアウトプットがインプットとしてシステムへ再投入され，システムの作動に影響すること。このことを行為のレベルで考えると，行為の結果が行為者に認識され，つぎの行為が適切に制御されることを意味する。これを認識と行為のフィードバックという。フィードバックのうち，最初の状態が維持され続けることをネガティブ・フィードバックといい，最初の状態からしだいに離れていくことをポジティブ・フィードバックという。ポジティブ・フィードバックには，好循環と悪循環がある。

フェミニズム (feminism) 16, 111-15
男女平等をめざす考え方であり，難しくいえば，性差に関して社会的公正を追求する思想および運動全般をいう。

福祉国家 178, 224, 244, 245, 248
国家が個人や企業に高い税金を課すかわりに，高い水準の社会福祉を実現すること。第2次大戦後，西側先進諸国の多くで実現されたが，国家財政の危機とグローバル化の進行とによって，行きづまりを見せている。

文化の恣意性 122
いかなる社会にも，のぞましさの観念はあるが，たとえば礼儀正しいとされる行為がきわめて多様であるように，何をのぞましいとするかが社会や文化によって異なること。したがって個別の社会や文化のコンテクストのなかで，何がのぞましいものとして意識され，生成されるかを分析することが，社会学における文化研究の重要な課題となる。

法 55, 123, 124, 126, 127, 143, 160, 161, 220, 245
規範のなかで，約束事としての側面とのぞましさの側面をともにもつ規範のこと。法には慣習法と成文法がある。

民主主義，民主政 114, 154, 201, 222, 245-51, 253, 255, 259, 260
民衆が自らの力＝権力によって，社会を統治するしくみのこと。

役割 (role) 14, 15, 23-25, 29-33, 47, 107, 108, 162, 272
→役割取得

日常の行為は,「学生として」「娘として」「姉として」「コンビニの店員として」といった具合に,行われている。この「……として」という,人に与えられたカテゴリーもしくは行為の特性のことをいう。他者から,その役割にふさわしい行動やしぐさとして期待されているイメージを役割期待という。

役割取得 (role-taking)　15

G. H. ミードの用語。他者との相互作用をとおして,自己の役割を学習し,他者との関係を安定させること。典型的には,子どもの発達とともに母子関係が確立していくプロセスにみられる。

ゆたかな社会 (affluent society)　181, 184, 264

ガルブレイスの用語。生産力の上昇によって,現代の先進諸国が貧困と欠乏から自由になった社会であることを意味する。

予言の自己成就と予言の自己破壊　5章

たとえ誤った予言であっても,その予言が社会的プロセスをとおして実現されることが予言の自己成就である。金融機関への取り付け騒ぎによって,本当に金融機関がつぶれることがこの例である。逆に正しい予言が公表されたために実際には起こらなくなってしまうことが予言の自己破壊である。選挙の当落予想が発表されたために,有権者が優勢な候補者に投票せず,その結果優勢な候補者が落選するのがこの例である。

稟議制　161-68

決定権のない末端のメンバーが起案者として,稟議書を作成する。稟議書が順次下から上へとまわされ,最終的には承認される日本独特の意思決定システム。

レイベリング (labeling)　40-44, 46-49　→スティグマ

人にあるレッテルを貼り,そういう人とみなすこと。

社会学のエッセンス〔新版補訂版〕

事項索引

※本書であつかった社会学の基本的かつ重要なタームは，キーターム集に載っています。

あ行

IMF（国際通貨基金）　254
悪循環　75
アメリカ独立戦争　272, 273
ES細胞　86
意思決定　161, 162, 164
『イデオロギーとユートピア』　266
移民　36, 231, 232, 235, 237, 238, 240
EU　229, 238, 239
インフォームド・コンセント　16
上からの近代化　222
エスニック・グループ　234, 236
エッシャーのだまし絵　7
エートス　127
NGO　206
エントロピー　139
オイルショック　154
大きな物語　274

か行

階級社会　185
核家族　197
格差　175, 178-81, 184-87
家事労働　202
家族　32, 173, 194-98, 201-05, 207, 208, 216, 219, 220, 225
GATT　228
過程　88, 89, 92-94, 97, 142, 144-47, 150, 151
カリスマ的支配　159, 160
カルチュラルスタディーズ　241
官僚制組織　162
機会の平等　112
規制　94
規則　164-66, 172, 173
——と違反　56
規範の制度化　128
基本的人権　110
共産主義　10, 11, 204, 244, 266
共同体　85, 89, 203, 205, 207, 209, 219, 248-50
虚偽　78-80
拒食症　32
近代化　202, 208, 274

近代科学　220
近代的な人間類型　221
金融恐慌　118
クィア理論　89
『苦海浄土』　61
クレイム　93, 94
敬　語　129
啓発運動　32
啓蒙主義　124, 220
健康と病気　56
権　力
　強制力としての——　157, 167
　姿を見せない——　155, 156, 168, 169
　姿を見せる——　156, 161, 168, 169
　ミクロの——　168
行　為　70-78, 87, 122, 124, 125, 127, 132, 137, 142-44, 172, 174, 217
高学歴化　202
公教育制度　219
公共領域　219-21
構　造　142-46, 150, 172, 173, 187
構築主義と本質主義　88-92, 94, 96, 97
合法的支配　159-61
国際婦人年　111
国民社会　130, 131

個人主義　217
個人の発見　217
国家神道　200
『子どもの誕生』　198
コミュニケーション　4, 5, 6, 9, 33, 92, 146-51, 156, 157, 248, 255-58, 265
　——手段の進歩　5
　——の自己準拠　148
　パーソナル・——　150
コミューン　207, 209, 225

さ行

財　221
再帰性　271, 272
採集・狩猟社会　5
サザエさん　172, 173
産業化　207, 220, 263, 265, 273
産業社会　5, 127, 176, 179, 201-03, 205, 208, 220, 263, 274
産児制限　111
ジェンダー・アイデンティティ　107
自然状態　223
自然法　223
自然法思想　124
実存哲学　31
私的領域　219-21
ジニ係数　183

資本主義（社会）　109, 110, 115, 127, 130, 176, 220, 246, 251-53, 255, 266
社会学的想像力　114, 186, 275, 276
社会契約　223
社会史　197
社会集団　130
社会主義　10, 11, 246, 255, 266
社会的逸脱　144
社会的世界　70, 71, 77-79
社会の発見　217
社会変動　144
宗教改革　216
自由主義　130, 266
終身雇用制　32
集団　31, 89, 125, 126, 173, 178, 204, 219, 234, 235
集団的な沸騰状態　269
自由と連帯　218
住民運動　93, 213
主婦　202
状況　68, 69, 78
状況的コンテクスト　148-50
少年犯罪　195, 196
消費社会　264
情報　138, 142, 145, 147-50, 156, 157
情報化　258, 260, 263, 265

情報社会　5
情報量　139
シングル・マザー　37, 38
人口問題　111
真実　78-80, 85, 87, 89, 97
新宗教　207
『親族の基本構造』　173
人道主義　266
信頼　137
性悪説　124
正義　45, 187
生協運動　206
性善説　124
制度　87
正当性　159
青年期　23-25, 27-30, 32, 33
世界銀行　254
世俗化　220
全共闘　31
選択的な働き　142, 144
善と悪　56
千年王国運動　266
組織　31, 75, 162, 164-66, 219, 220
ソフィスト　246

た行

第1次オイルショック　181, 182, 184
第三世界　111, 229

事項索引　293

第三の波　268
太平洋戦争　155, 161, 214
大量印刷社会　5
他者配慮的な行動様式　167, 168
脱工業社会　264
脱産業社会　127
タテ社会　129, 132
WTO　228, 254, 258
男女雇用機会均等法　111
地域社会　130, 131, 198, 200, 201, 204, 205, 207-09
秩　序　57-59, 63, 120, 127, 128, 131, 132, 136-38, 140, 141, 144-46, 151, 156, 160, 173, 217, 218
秩序維持　144
地動説　87
通過儀礼　219
デモクラシー　245
電子メディア　149, 150, 258
天動説　68, 87
伝統的支配　159, 160
天　皇　155, 161, 163, 166, 201
道具の進歩　5
都市国家（ポリス）　245, 248-50

な行

ナチス・ドイツ　12, 222

認　識　70-75, 77, 78, 142-44
農耕・牧畜社会　5

は行

パッシング　39, 44, 49
犯　罪　41, 42, 47-49, 90, 237, 239
万人の万人に対する戦い　223
非　行　41, 42, 48, 49, 195
美と醜　56
フィードバック
　環境イメージを導く――　74
　自己イメージを導く――　74
　ネガティブ・――　72
　ポジティブ・――　72, 75, 76-79
夫婦別姓　16, 123
不確実性　138-45, 151
　――の減少の度合い　139, 140, 144-46, 151
複雑性の縮減　142
複雑な秩序　146
不平等　112, 174, 175, 180, 181, 184-87
フランス革命　10, 62, 144, 216, 233, 234, 247, 255, 272, 273
プロテスタンティズム　252
文化人類学　56, 64, 106, 197, 241

分類の観念　57
偏見　37, 38, 91, 92, 97
暴力　157, 158
保守主義　266
ポストモダン　264, 274-76
ボランティア　206, 209

ま行

マイホーム主義　202
見えざる手　223
水俣病　59, 60, 62, 63
身分制社会　176, 188, 233
民主化　220
民俗学　198
無秩序　139-42, 145
無文字社会　5
メディア　79, 86, 96, 157, 241, 257, 258, 265

や行

役柄　47
役割期待　47
夜警国家論　224
『ゆたかな社会』　181
ユートピア　225, 265-68, 271, 272, 275, 276

ら行

『リヴァイアサン』　223
ルネサンス　216, 225, 272
ルビンの杯　7
レッセ・フェール思想　223
労働組合　220

人名索引

あ行

芥川龍之介　118
アリエス（P. Ariès）　198
アリストテレス（Aristotle）　246, 247
アーレント（H. Arendt）　255-57
アンダーソン（B. Anderson）　248
石牟礼道子　61
ウェーバー（M. Weber）　127, 168, 252, 269

か行

ガルブレイス（J. K. Galbraith）　181, 264
キッセ（J. I. Kitsuse）　93, 97
ギデンズ（A. Giddens）　15, 271
ケインズ（J. M. Keynes）　224
ゴッフマン（E. Goffman）　38, 47

さ行

シュッツ（A. Schütz）　88
荀子　124
スペクター（M. B. Spector）　93, 97
スペンサー（H. Spencer）　223, 224
スミス，アダム（A. Smith）　223, 224
スミス，ユージン（W. E. Smith）　61

た行

ダグラス（M. Douglas）　56, 57, 59
デュルケーム（E. Durkheim）　127, 132, 203, 268, 269, 271, 276
テンニース（F. Tönnies）　204, 205, 208
トフラー（A. Toffler）　264, 265
トマス（W. I. Thomas）　68, 69, 79

な行

中根千枝　128

は行

バー（V. Burr）　88
バーガー（P. L. Berger）　88, 269, 271
パーソンズ（T. Parsons）　15, 127, 128, 132, 169
ハーバーマス（J. Habermas）　255-57, 274
フィヒテ（J. G. Fichte）　233
フーコー（M. Foucault）　88, 168
プラトン（Plato）　246, 247
フーリエ（F. M. C. Fourier）　204, 208
ブルデュー（P. Bourdieu）　15
プルードン（P.-J. Proudhon）　204, 208
ベル（D. Bell）　264
ホッブズ（T. Hobbes）　223
ポラニー（K. Polanyi）　252

ま行

マクルーハン（H. M. Mcluhan）　265
マッキーヴァー（R. M. MacIver）　205, 208
マートン（R. K. Merton）　15, 69, 78, 79
マルクス（K. Marx）　185, 204, 208
マンハイム（K. Mannheim）　266, 267, 271, 272
ミード（G. H. Mead）　15
モア（T. More）　266
孟子　124

や行

与謝野晶子　214

ら行

ラトゥール（B. Latour）　85
ルソー（J.-J. Rousseau）　255
ルックマン（T. Luckmann）　88
ルーマン（N. Luhmann）　147, 169, 250
レヴィ＝ストロース（C. Lévi-Strauss）　173

図版一覧

社会学のエッセンス〔新版補訂版〕

- p. 3　ヒンドゥー教徒の沐浴〔PANA 提供〕
- p. 8　エッシャー「滝」〔© 1961 M.C.Escher / Cordon Art-Baarn-Holland／ハウステンボス〕
- p. 9　ルビンの杯
- p. 21　ゴッホ「自画像」〔オルセー美術館蔵〕
- p. 35　マリリン・モンロー〔共同通信社提供〕
- p. 51　水俣病患者たちの東京での抗議行動〔毎日新聞社提供〕
- p. 67　人形浄瑠璃「曾根崎心中」の一場面〔文楽座互助会提供〕
- p. 76　豊川信用金庫取り付け騒ぎ〔朝日新聞社提供〕
- p. 81　狐の嫁入り行列〔津川商工会提供〕
- p. 101　ゲーンズボロ「ベイリー家の人びと」〔テート・ギャラリー蔵〕
- p. 117　交差点で信号待ちをする人びと
- p. 119　就職活動中の学生〔時事提供〕
- p. 135　インターネットの動画投稿サイト〔AFP＝時事提供〕
- p. 153　大統領演説を聞く米軍兵士〔AP／アフロ〕
- p. 193　明治時代の博多祇園山笠〔博多祇園山笠振興会提供〕
- p. 211　ドラクロワ「民衆を導く自由の女神」〔ルーヴル美術館蔵〕
- p. 214　学徒壮行大会（神宮外苑競技場，1943 年 10 月 21 日）〔毎日新聞社提供〕
- p. 227　フランス国旗をスカーフにする少女
- p. 243　WTO 閣僚会議を前に抗議デモを行う人びと〔AFP＝時事提供〕
- p. 261　ハゲワシと少女〔SOUTH LIGHT/Gamma/Eyedea/AFLO 提供〕
- p. 267　フラ・アンジェリコ「受胎告知」〔プラド美術館蔵〕

◉ 著者紹介

友枝　敏雄(とも えだ　とし お)
　　大阪大学国際共創大学院学位プログラム推進機構特任教授

竹沢尚一郎(たけ ざわしょういち ろう)
　　国立民族学博物館名誉教授

正村　俊之(まさ むら　とし ゆき)
　　大妻女子大学社会情報学部教授

坂本佳鶴惠(さか もと か づ え)
　　お茶の水女子大学基幹研究院人間科学系教授

社会学のエッセンス
――世の中のしくみを見ぬく〔新版補訂版〕
The Essence of Sociology,
2nd edition revised.

有斐閣アルマ

1996 年 4 月 1 日	初版第 1 刷発行
2007 年 11 月 20 日	新版第 1 刷発行
2017 年 3 月 30 日	新版補訂版第 1 刷発行
2021 年 1 月 20 日	新版補訂版第 4 刷発行

著　　者　　友　枝　敏　雄
　　　　　　竹　沢　尚　一　郎
　　　　　　正　村　俊　之
　　　　　　坂　本　佳　鶴　惠

発 行 者　　江　草　貞　治

発 行 所　　株式会社　有　斐　閣

郵便番号 101-0051
東京都千代田区神田神保町 2-17
電話　(03)3264-1315〔編集〕
　　　(03)3265-6811〔営業〕
http://www.yuhikaku.co.jp/

印刷　大日本法令印刷株式会社・製本　大口製本印刷株式会社・組版　ティオ
©2017, 友枝敏雄・竹沢尚一郎・正村俊之・坂本佳鶴惠. Printed in Japan
落丁・乱丁本はお取替えいたします。

★定価はカバーに表示してあります。

ISBN978-4-641-22098-0

JCOPY　本書の無断複写(コピー)は、著作権法上での例外を除き、禁じられています。複写される場合は、そのつど事前に(一社)出版者著作権管理機構(電話03-5244-5088, FAX03-5244-5089, e-mail:info@jcopy.or.jp)の許諾を得てください。